語言教學叢書

閱讀教學啟動心靈視窗

謝淑熙　著

走過從前，見證歷史，留下美好

學術研討會相關照片

▲二○一七兩岸閱讀寫作的教學實踐——海峽兩岸語文教學觀摩暨學術研討會

筆者與臺北教大副校長孫劍秋教授（前排右二）、高雄師大國文系主任王松木教授（前排左三）、福建師大孫紹振教授（前排左四）、福建師大賴瑞雲教授（前排左二）、福建師大湯化教授（前排左一）等多位師長於高雄師範大學合影。

▲二〇一八年多元文化與經典詮釋學術研討會

筆者與中華文化教育學會理事長葉鍵得教授（左一）、陳蓉蓉教授（左二）、林均珈老師（左三）、宋新民教授（左四）、莊雅州教授（右一）二〇一八年二月二日於國父紀念館合影。

▲二〇一八年廣義修辭下的閱讀與寫作教學——海峽兩岸語文教學觀摩暨學術研討會

筆者與高雄師大國文學系主任王松木教授（右二）、福建師大賴瑞雲教授（右一）、湯化教授（左一）二〇一八年十二月七日於高雄師範大學合影。

▲二○一九年四月八日臺灣師範大學文學院與福建師範大學文學文學研究座談

筆者與臺灣師大國文學系主任賴貴三教授（右二）、臺北大學馬寶蓮教授（右一）與福建師大葉祖淼副院長（左一）合影。

▲二○一九臺灣師範大學文學院與福建師範大學合辦兩岸中國文學研究研討會

筆者與中正大學莊雅州教授於二○一九年四月八日於臺灣師範大學合影。

▲二○二一年第二屆經典詮釋暨語文教育學術研討會

臺北教大孫劍秋副校長（右三）、臺灣師大國文學系主任賴貴三教授（右四）、
馬偕醫專劉錦源教授（右二）、萬卷樓圖書公司張晏瑞總編輯（右一）、林嘉茂
會長、簡崇元教授二○二一年十二月十七日於臺北教育大學合影。

演講照片

▲ 臺師大國文學系主任賴貴三教授於二○○六年蒞臨中壢家商演講合影

◀ 二○二一年臺灣師大國文系主任賴貴三教授蒞臨臺灣海洋大學演講

IASL 知識饗宴參訪照片

▲二○○六年臺灣高中高職圖書館參訪團於葡萄牙里斯本大學與
　IASL會長合影

▲二○○六年臺灣高中高職圖書館參訪團與IASL圖書館嘉賓合影留念

▲二〇〇八年臺灣高中高職圖書館參訪團參觀柏克萊大學史塔東亞圖書館團照

▲二〇〇八年臺灣高中高職圖書館參訪團與會團員於柏克萊大學校園合影

世界華語學校圖書館論壇

▲二○一九第八屆世界華語學校圖書館論壇

全體與會學者二○一九年七月十六日於臺灣師範大學合影留念。

▲全國高級中等學校圖書館輔導團活動留影

圖書館工作夥伴朗誦「有朋自遠方來」詩歌歡迎嘉賓。

臺灣海洋大學校園美景

▲臺灣海洋大學校園雕像（黃秀杞大師作品）

海大最用功的學生，身體很強壯，一年四季都不穿衣服，三百六十五天都在看書，但書上面沒有字，而且已經讀很多年了， 都還沒拿到畢業證書。

▲校園一隅

▲ 海大校園地標

▲ 校園一隅

▲ 校園一隅

▲ 校園一隅

▲ 校園一隅

◀校園一隅

推薦序一

這本《閱讀教學啟動心靈視窗》是謝淑熙博士繼《研閱以窮照──閱讀教學的新意義》之後的另一本新書，可見她對閱讀教學是何等重視。我看這本新書除了承襲過去的優點之外，也有不少後出轉精之處，值得在此介紹：

一　目標明確

淑熙的學術研究從孔子的禮樂教育開始，後來擴大到以禮學為核心的儒家人文主義思想。孔子是儒家大宗師，萬世師表，儒家人文主義以人為本，仁民愛物，尊重倫理，重視道德，兼容並蓄，符合中道，不僅適合時代潮流、社會需要，也可做為教育的圭臬。淑熙長期浸淫其中，所訂定的教學目標自然十分明確，如《論語》教學強調人文素養，〈學記〉教學重視全人教育，蔣捷〈虞美人〉詞教學融入生命教育，《紅樓夢》教學融入合作閱讀教學，有時還有更細的能力指標或預期成果。諸如此類，都符合現代的教育理論，很有提倡的價值。

二　教材多元

國文天地非常廣大，名家輩出，佳作如林，可作為閱讀教材俯拾皆是。淑熙出身教育世家，以樂育英才為終身職志，對中學、大學國文教學都有豐富的經驗，又充滿教育熱忱，根據最新的教育理論精選

出來的教材自然包含多維面向，具有高度的代表性。本書首輯列為教材的有《論語》、《孟子》、《禮記·學記》、蔣捷〈虞美人〉詞、《紅樓夢》、林清玄〈楊媽媽和她的子女們〉，涵蓋儒家經典、宋詞、古典小說、現代散文。文體各有不同，內容更是各殊，而以儒家經典分量最重，足見她是何等重視儒家人文主義思想。每篇教材由於教學目標及教學方法的差異，內容的變化就更多采多姿了。當然這篇論文不過是嘗鼎一臠而已。如果她能將過去所規畫的四大單元、生命教育的五大主題的諸多篇加註篇名、出版項，那就是讀者之福了。站在「文字、文本、文化」教學的觀點，這份教材清單還有補苴的空間，例如〈墨經〉、〈考工記〉、《夢溪筆談》的古代科技、《禮記》的政治學、社會學、音樂學、《說文解字·敘》的語言文字學都可斟酌入列。

三　教法靈活

孔子因才施教，教亦多術，《禮記·學記》以後，教法更多，到了近代，西方教育理論傳入，尤其是近二十年來推行教育改革之後，教材教法的理論更是日新月異。淑熙善加擷取，呈現在本書中的自然變化多端。例如在引導學生閱讀《孟子》時，她依據閱讀理解策略，具體落實的教法是提問教學、推論教學、文本結構教學、閱讀心得寫作、延伸閱讀與思考。在引導閱讀林清玄〈楊媽媽和她的子女們〉時，也同樣使用閱讀理解策略，卻增加了摘要文章大意教學及交互教學。但在閱讀素養融入〈學記〉教學時，則改採擷取檢索、統整與理解、省思與評鑑。足見她依教材與教學目標的差異，靈活採取不同的教學策略，並非一成不變。而在教學過程中，也斟酌使用影片介紹、網路互動、ppt製作、多元評量以及閱讀學習單、閱讀心得單、分組報告評分及建議表等以輔助教學，可謂配合時代潮流，擅於使用教

具。本書中有一篇〈十二年國教課綱「核心素養」融入國語文教學〉，是針對中小學國語文教學立論，雖然淑熙不從事此一階段教學為時已久，但她還是如此關注，因為各級學校教育本來就是一體相貫的。她有一本《不畏浮雲遮望眼，回首教改來時路》就是為這段歷史留下見證。在國民教育九年一貫課程《綱要》中有社會關注的主要議題，包含資訊、環保、兩性、人權、宗教等。配合時代潮流，在大學閱讀教學中，不妨酌加參考。

四　觀念新穎

近年淑熙每有著作出版，好以「新」字題端，如《禮學思想的新探索》、《研閱以窮照──閱讀教學新意義》、《客家禮俗文化新探索》、《儒家禮學人文思想新視野》皆是。可見她對《禮記‧大學》的「苟日新，日日新，又日新」深有體悟，表現在著作內容自然多能與時俱進，推陳出新。由於本書根據最新的教育理論，所以對各家新說多有詳細闡述，例如八項多元智慧論、全人教育四大面向、十大原則、生命教育的五大範疇、合作學習的五個基本要素、閱讀五大素養、閱讀策略的七大有效證據，而古今中外的名言讜論，如孔子、孟子、程頤、梁啟超、劉真、張忠謀、蘇格拉底、康德、黑格爾、達爾文、杜威、泰戈爾等也經常穿梭其間，不僅使得所有的教學實例，都有紮實的理論根據，而且使讀者溫故知新。

五　視野開闊

司馬遷年輕時遍遊天下名山大川，飽覽金匱石室之書，心胸日益開闊，學養與時俱增，為他撰寫史學鉅著《史記》奠定良好基礎，世

人每以「行萬里路」與「讀萬卷書」相提並論，其故在此。淑熙早年從事中等學校語文教育，曾兼任中壢家商圖書館主任，深深體會在知識爆發時代圖書館利用的重要性，所以她參加臺灣高中高職圖書館參訪團，或參訪國內外圖書館，進行學術交流，或在世界華語學校圖書館論壇發表論文，順便遊覽附近的名勝古蹟，考察風土人情。每次她都有紀行專文，收在《研閱以窮照——閱讀教學新意義》的有福州、香港、澳門；收在本書的有葡萄牙、美國加州柏克萊、長沙、臺北。這些活動都使得她的心胸更加開闊、視野更加寬廣、學養更加深邃，對教學與研究都大有助益，與閱讀教學尤有相輔相成之效。她將閱讀教學與參訪活動合為一集，實有深意存焉。

　　大一國文也好，閱讀教學也好，都是一種通識教育，也就是博雅教育，其目標在培養思想敏銳、視野開闊，能好好發揮專業技能的現代國民，而不是高四國文，不是只在精進語文能力而已，希望淑熙以及有志同道能繼續在這方面多多努力。

莊雅州序於臺北

二〇二二年四月七日

推薦序二

師生歆閱讀，教學樂心靈
——《閱讀教學啟動心靈視窗》

　　《閱讀教學啟動心靈視窗》為謝淑熙老師在國文通識教學上，以及「積學以儲寶，酌理以富才，研閱以窮照，馴致以繹辭」（〔南朝梁〕劉勰《文心雕龍·神思》）實踐過程中的又一力作，可喜可賀。

　　本書分別為三大主題：壹、閱讀視窗，收文七篇——一、啟動經典閱讀教學的新契機——以《論語》教材為例；二、全人教育融入《禮記·學記》教學示例；三、生命教育融入詩詞閱讀教學探析——以蔣捷〈虞美人〉為例；四、運用合作閱讀教學以促進學生學會應對21世紀學習的能力；五、閱讀理解策略融入經典教學的運用——以《孟子》教學為例；六、閱讀素養融入國語文教學試探——以《禮記·學記》為例；七、全人教育融入《禮記·學記》教學示例。貳、知識饗宴，收文四篇——一、2006 IASL知識的饗宴——臺灣高中高職圖書館參訪記行；二、2008IASL美國加州柏克萊大學參訪記行；三、第七屆世界華語學校圖書館論壇紀行；四、第八屆世界華語學校圖書館論壇紀要。參、教學鱗爪，收集在多元學習、課本以外的天空、教學心得與學生分組報告四面向的「閱讀教學心得詩」。全書有傳統經學與古典文學的全人生命教育示例，又有「讀萬卷書，行萬里路」的知識饗宴與參訪紀行，以及師生之間教學相長與相觀而善的互動交流，洋洋灑灑，繽紛多彩，兼以圖文並茂，引人入勝，真是一本具有國語文閱讀素養與人文經典教育的優良專書，值得推薦。

　　《論語·顏淵》：「曾子曰：『君子以文會友，以友輔仁。』」意謂

有才德的君子通過學問文章聚會而結交朋友，又通過朋友之間的交流切磋促進道德完善。關於「以友輔仁」，康有為（1858-1927）《論語注》寫道：

> 人情孤獨則懶惰，易觀摩則奮力生。置諸眾正友之中，則寡失德；置諸多聞人之中，則不寡陋。故輔仁之功，取友為大。

康有為非常看重與「正友」與「聞人」交朋友，認為和正能量且見多識廣的朋友交往，可以「寡失德」、「不寡陋」，可以促進道德完善人格健全，可知「以文會友，以友輔仁」榜樣的無窮力量，而師生不就如朋友一般嗎？

《論語・子路》中，還有一段與「君子以文會友，以友輔仁」意思相關聯的內容。有一次子路問孔子：「何如斯可謂之士矣？」孔子答曰：「切切偲偲，怡怡如也，可謂士矣。朋友切切偲偲，兄弟怡怡。」意思是說，知識分子要相互督促幫助，和睦愉快相處，就像朋友與兄弟一樣，此正是「以文會友，以友輔仁」。《論語・述而》曰：「三人行，必有我師焉，擇其善者而從之，其不善者而改之。」更是強調學習的交流。與志同道合的學友交流，文化因交流而多彩，文明因借鑑而豐富，其中的作用與影響可謂宏大而深遠。

《禮記・學記》云：「獨學而無友，則孤陋而寡聞。」學習中要相互觀摩，取長補短；反之，獨自學習而沒有朋友一起切磋，就會孤陋寡聞。明清之際顧炎武（1613-1682）〈與友人書〉說：「獨學無友，則孤陋而難成；久處一方，則習染而不自覺。」朋友是了解外部世界的橋樑，也是不斷完善自己的標竿。只有與朋友共同學習，集思廣益、取長補短，才能彌補自身的缺憾，並獲得更多知識。如果學習中缺乏學友之間的交流切磋，就必然會導致知識狹隘，見識短淺。古

今中外，讀書治學有所成者，大多注重讀書交友，並與友人交流思想，通過交流自己的學習心得，相互切磋，相互裨益。一個人學習若是少了與外部的交流，只能稱之為讀死書；所謂「知識」，也只是無根之水、無本之木。只有立足現實，邊讀書，邊交流，邊思考，取長補短，才能全面認識事物，獲得更多知識，彌補自身不足，以達到文化傳承的深刻意義。

清儒江藩（子屏，鄭堂，1761-1831）嘗言：「讀書當融釋，講學貴縝密。不讀書，無入德之門；不講學，無自得之樂。」期待並期許本書在師生友朋讀書、講學交流之中，入德有門且享自得之樂。本書無論是經典的閱讀與教學研究，文化思想潮流的記錄，乃至傳統與創意的交互影響，都能得到嶄新的發揮。透過淑熙與編輯精心策劃，源頭活水不斷注入，持續讓這座文學燈塔照亮悠久的文化桃花源與教育新天地。

文化教育園地如苗圃，身為園丁的教師必須細心呵護澆灌，勤敏於灑播種子，並以滿腔熱情催促著生命的萌芽，才能開放出一畦畦美麗的園地，提供喜愛寫作與研究的師生，得以留下如珠璣美玉般的妙文佳篇。這本優良的文化教育專書，能夠擁有知心的讀者，想必是淑熙最大的期望，正如《文心雕龍・知音》所言：

> 夫唯深識鑒奧，必歡然內懌，譬春臺之熙眾人，樂餌之止過客，蓋聞蘭為國香，服媚彌芬；書亦國華，翫繹方美；知音君子，其垂意焉。

本書為淑熙奉獻於閱讀素養與經典教學之作，涵蘊著師生良性互動、知性交流的共同心聲，而經過泛觀博覽，潛移默化，散播國學文化的種子，終能修成文化人的學識德業正果，而含弘光大！

　　本書無論是經典現代化的教育，文化思想潮流的紀錄，乃至傳統與創意的交互影響，都能得到嶄新的發揮。淑熙一直懷抱著文人的理想、快要滿溢的理想，又盛滿著哲人的熱忱，勤敏於播種耕耘，並以滿腔熱情催促著生命的萌芽滋長。淑熙孜孜矻矻經營著豐沃汩汩而出的生命風景，忘情馳騁於學海文林的倜儻豪情，本書可說是最佳開花結果的美好印證了。

　　屯仁賴貴三謹識於壬寅末伏溽暑（二○○二年八月二十二日週一）

自序

　　在科技文明一日千里的時代里，多元的閱讀不但可以增長見聞，更可以拓展宏觀的視野。進入二十一世紀，「閱讀素養」已成為各國調整教育方針，擴大生存領域，創造新時代文明和思想的契機。「閱讀素養」的歷程包含「擷取與檢索」、「統整與解釋」、「省思與評鑑」的認知能力，不再將閱讀狹義地限制在認字、理解層面，而是進一步考量讀者是否能透過閱讀與文本進行互動，並連結個人經驗，進而引發其針對該議題有所反省與思考，促發學生能夠具備知能而進行社會參與及關懷行動。美國教育家克柏萊（E. P. Cubberley）強調：「優良的教學貴在能培養學生良好的讀書習慣，以及獨立思考的能力。」閱讀書籍、探索知識，乃是激發自己潛能及創造思考的原動力。閱讀的習慣在年輕時就要養成，寫作的種子，也應在年輕時代就埋下。德國哲學家黑格爾（Georg Wilhelm Friedrich Hegel, 1770-1831）說：「經典是永恆的，因為它會不斷激起讀者心靈中的理念典型。」這的確是中肯的言論。

　　《閱讀教學啟動心靈視窗》一書，集結筆者近十年來有關閱讀教學之論文，每篇均為參加國內外圖書館閱讀論壇所發表之論文與刊載於國內期刊之論文。全書內容涵蘊悅讀視窗、知識饗宴、教學鱗爪等三部分，皆是筆者在大學執教過程中，從引導學生閱讀經典書籍，並學會如何利用圖書館網路資源，搜尋網路資訊、分析整理、及小組的辯論修正中，提升對閱讀主題的了解，以增進批判性思考的能力。透過經典作品生動有趣的題材、發人深省的主題、及深刻感人的意境，

以開拓學生的新視野，陶冶其閱讀品味，並提升其文化層次，進而培養學生終身學習的能力。因此，筆者以「閱讀教學啟動心靈視窗」為拙著之書名，期許大家藉由閱讀，使心靈透徹明朗，以開啟一扇通往世界的窗。

本書共分為悅讀視窗、知識饗宴、教學鱗爪等三個單元，旨在引領學生經由閱讀，以開拓學生的新視野，陶冶其閱讀品味，培養學生終身學習的能力。

第一單元包含：〈啟動經典閱讀教學的新契機——以《論語》教材為例〉、〈全人教育融入《禮記・學記》教學示例〉、〈閱讀理解策略融入經典教學的運用——以《孟子》教學為例〉、〈閱讀素養融入國語文教學試探——以《禮記・學記》為例〉、〈生命教育融入詩詞閱讀教學探析——以蔣捷〈虞美人〉為例〉、〈合作閱讀教學法融入經典閱讀教學——以《紅樓夢》教學為例〉、〈閱讀理解策略融入經典教學的運用——以林清玄〈楊媽媽和她的子女們〉為例〉、〈十二年國教課綱「核心素養」融入國語文教學〉等八篇論文。

首先，第一篇論文，以《論語》教材為例，在教材方面，多引用具時代意義、前瞻視野，反映普世價值，對社會人心有助益之人物傳記為典範，且以實際生活作直接的編譯，透過經典作品生動有趣的題材、發人深省的主題、及深刻感人的意境，以開拓學生的新視野，陶冶其閱讀品味，並提升其文化層次，進而培養學生終身學習的能力。第二篇藉由探究《禮記・學記》所蘊涵的全人教育（holistic education）理念，引導學生認識儒家思想的精隨，進而落實人文素養教育，以重建校園倫理。其次是提升學生對閱讀主題的了解，並且吸取書中的精華加以融會貫通，以啟迪學生的性靈，進而表達在寫作及應對進退上。第三篇在探討閱讀理解策略（reading comprehension strategies）教學法融入經典閱讀教學，對學生學習成就之影響。教學

目的是引導學生閱讀《孟子》，並學會搜尋網路資訊、分析整理、及小組的辯論修正中，提升學生對閱讀主題的了解，並且吸取書中的精華加以融會貫通，以增進批判性思考（critical thinking）的能力。第四篇藉由「閱讀素養」的理念融入《禮記·學記》的經典閱讀教學，兼顧認知與情意、人文與科技的通識學習內容，能從學習中培養學生的閱讀素養（reading literacy），以引導學生認識儒家教育思想的精髓，進而提昇人文素養。第五篇學生藉由閱讀蔣捷〈虞美人〉詞，進而體悟作者生命歷程三個階段不同的感受，引領學生建立正確的人生觀，以開創人生的光明面。學生能體會「悲歡離合總無情」的無奈與悲痛，學會珍惜生命中的每一天，積極進取奮發向上。第六篇運用合作學習（cooperative learning）的教學策略，配合《紅樓夢》經典人物介紹、服飾之外顯書寫、飲食之生活寫實風貌、住所、行踏等教學內容，訂定教學目標，呈現完整的教學概念。希望藉由教學目標，讓學生了解《紅樓夢》全書的旨趣與意涵，進而提升分析題旨、學習和創新、資訊媒體與技術等能力。第七篇採用閱讀理解策略（reading comprehension strategies）的教學方式來進行，引導學生閱讀林清玄的報導文學作品〈楊媽媽和她的子女們〉一文，並且融會貫通全文的內容與篇章結構，以培養學生批判性思考（critical thinking）的能力，以及對社會關懷的延伸思考。第八篇探究十二年國教課綱的「學習重點」分成「學習內容」及「學習表現」兩個層面。如何將「核心素養」融入國語文教學，宜注意下列原則：把知識、技能、態度整合在一起，強調學習是完整的，不應只偏重知識方面。結合情境、案例、現象進行學習，更朝向理解的學習、意義感知的學習。

第二單元包含：〈2006 IASL 葡萄牙里斯本大學參訪記行〉、〈2008 IASL 美國加州柏克萊大學參訪記行〉、〈第七屆世界華語學校圖書館論壇紀行〉、〈第八屆世界華語學校圖書館論壇紀要〉等四篇論文。

第一篇文章記述2006 IAS 論壇在葡萄牙里斯本大學（Universidade Nova de Lisboa）舉行，臺灣高中高職圖書館參訪團，由臺灣師範大學圖資所陳昭珍所長擔任總領隊，基隆女中圖書館陳宗鈺主任、豐原高中圖書館潘淑滿主任、暨大附中圖書館涂進萬主任、前羅東高中圖書館黃文棟主任等擔任副領隊，引領來自臺灣由北到南的圖書館工作夥伴等十六位成員遠赴葡萄牙，參與一年一度的世界圖書館盛會。我們一行十六位成員，來自不同的地方，因緣際會能夠有志一同，為2006 IASL 的圖書館盛會而全力以赴，可以說得上是：「有朋自遠方來，不亦樂乎。」第二篇文章記述二〇〇八年 IASL 臺灣高中高職圖書館參訪團，由基隆女中圖書館陳宗鈺主任擔任總領隊，臺師大附中資訊中心李啟龍主任、羅東高中圖書館侯昭長主任、中壢家商圖書館謝淑熙主任、南投旭光高中張麗雲組長、師範大學圖資所研究生黃琳娟等六位成員遠赴美國加州柏克萊大學（University of California, Berkeley），參加一年一度的世界學校圖書館盛會。第三篇文章二〇一七第七屆世界華語學校圖書館論壇，臺灣高中高職圖書館參訪團，由臺灣師範大學教務長陳昭珍教授擔任總領隊、臺灣大學數學系莊正良教授、輔導團總召臺南女中圖書館劉文明主任、TTLA 副理事長基隆女中陳宗鈺主任、TTLA 秘書長市立秀峰高中圖書館范綺萍主任、TTLA 理事長曾文農工圖書館徐澤佼主任、引領來自臺灣由北到南的圖書館工作夥伴，共三十一位成員，臺灣團聲勢浩大，遠赴湖南長沙參加一年一度的世界華語學校圖書館盛會。二〇一九第八屆世界華語學校圖書館論壇，訂於二〇一九年七月十五日至十六日，於臺灣師範大學舉辦，此次各項活動由教育部國教署全國高級中等學校圖書館輔導團、臺灣學校圖書館館員學、臺灣師範大學圖書資訊所主辦；全國圖書教師輔導團及世界華語學校圖書館論壇聯盟地區所有成員協辦。臺灣主辦第八屆世界華語學校圖書館論壇，由臺灣師範大學教務長陳

昭珍教授、臺灣學校圖書館館員學會范綺萍理事長，引領全國高級中等學校圖書館輔導團屏東女中陳文進主任承接此項任重道遠的工作。

第三單元教學鱗爪，是筆者在臺灣海洋大學執教，講授大一國文的課程，引領學子開啟古籍的堂奧，在教學與師生互動之餘，徜徉在海大依山傍海的美景中，筆者不揣謭陋詩興大發，寫下隨興而發的打油詩，自娛且娛人。

拙著能付梓成書，首先應該感恩的是在生命成長過程中，父母苦心之栽培與用心之呵護，使我能茁壯成長，並鼓勵我繼承衣鉢，以作育英才為樂；其次應該感謝的是外子的包容與分擔，使我在身兼母職、教職外，仍有餘力重拾書本，到博士班進修，開啟中國文學的堂奧，以充實自我的專業知能。拙著能夠如期完稿，應該感謝的人實在太多，包括教誨我良多的臺北市立大學林慶彰教授、中正大學莊雅洲教授、中央大學蔡信發教授、臺灣師範大學賴貴三教授；提攜我的中華民國商業教育學會秘書長江文雄教授、臺北市立大學陳光憲教授、臺北教育大學孫劍秋副校長、臺北市立大學葉鍵得教授、臺北市立大學宋新民教授、文化大學陳蓉蓉教授、柯淑齡教授、臺灣海洋大學共同教育中心語文組所有教授的提攜與指教、中壢家商廖萬連校長、邱茂城校長、臺灣師範大學教務長陳昭珍教授、臺灣學校圖書館館員學會理事長陳宗鈺主任、臺灣學校圖書館館員學會范綺萍理事長。使我在擔任圖書館主任及教授國文課程之餘，有機會到國外參與圖書館論壇並發表論文。孔子說：「人能弘道，非道弘人。」期許自己在經典閱讀教學上，要運用資訊融入教學的方法，讓優美的中國古典文學與現代文學相輔相成，引領學生勤啟良書卷，以激發「風簷展書讀，古道照顏色」的思古幽情。而今更應感謝萬卷樓圖書出版有限公司梁錦興總經理、張晏瑞副總經理、官欣安編輯之玉成與贊助，使筆者能夠一圓出書夢。

　　拙著各篇論文之內容，受限於個人才疏學淺，仍有闕漏之處，筆者不敏，定砥勉自我，再接再厲，假以時日，繼續拓展探討範圍，使未來相關之研究能更臻完善。拙著疏漏之處，敬祈博學鴻儒，不吝指正賜教，謹致謝忱。

目次

合作閱讀教學法融入經典閱讀教學
——以《紅樓夢》教學為例 71

閱讀理解策略融入經典教學的運用
——以林清玄〈楊媽媽和她的子女們〉為例 93

十二年國教課綱「核心素養」融入國語文教學 121

壹

悅讀視窗

啟動經典閱讀教學的新契機
——以《論語》教材為例

一 前言

　　教育是傳遞知識、培育人才、促進社會進步的原動力。教育的傳承，不能偏促一隅，必須旁搜遠紹；教育的滋長，不能率由舊章，必須與時推移，而成為切合時代潮流之文化慧命。英國牛津大學副校長理查・溫恩・黎芬司東爵士（Sir Richard Winn Livingstone, 1880-1960）。在他所著《一個動盪世界的教育》一文中說：「教育應以養成德操為第一要務；而德操的養成在使學子多看人生中偉大的事情，多識人性中上上品的東西。人生和人性的上上品，見於歷史和文學中的很多，只要人們知道去找。[1]」（劉真、江雲鵬、李同立等，1993）的確，如何讓青年學子了解中華文化，而不致數典忘祖，就必須培養學生閱讀經典古籍：四書、五經、唐詩、宋詞、元曲等的興趣，教師必須使學生對中華文化的寶典由「知之、好之」而提升到「樂之」的地步，經典閱讀教學，從解讀範文到智能的啟發、情意的陶冶，並不是立竿見影的事。不過學生在耳濡目染下，的確可以從潛移默化中，樹立正確的人生觀及優美的情操，因此在國文教學中，不可忽視經典閱讀教學的功能。透過經典作品生動有趣的題材、發人深省的主題、及深刻感人的意境，以開拓學生的新視野，陶冶其閱讀品味，並提升其文化層

1　劉真、江雲鵬、李同立等：〈邁向超物質化世界——人文精神的追尋〉，《師友月刊》（1993年2月），頁6-25。

次，進而培養學生終身學習的能力。

從《論語》中，可以見到孔子（西元前551年-西元前479年）與弟子們的嘉言與懿行，禮儀或行為規範的學習，是孔子指導學生德行修養的重要一環。在待人接物上，所顯現的謙恭與從容的禮儀，讓我們能夠見賢思齊，修養高尚的品德，以陶冶身心、改變氣質，所以孔子說：「不學禮，無以立。」（《論語・季氏》）教導學生要通過優美的文化形式，來樹立人格修養的目標。孔子教導學生，在人格修養的過程中，以德行為本，文學為末；孔門四科：「德行、言語、政事、文學」（《論語・先進》）。孔子四教：「文、行、忠、信」（《論語・述而》），以文為始，而終以信，這是站在教育的方式上說的，教育的目標還是歸於道德的實踐。孔子教導學生以詩、禮、樂培養完善的德行，詩可以鼓舞人的心志，使人興起向善的情操；禮是一個人立身處世的基礎，使人行為端莊合宜；樂可以陶冶人的心性，建立完美的人格。閱讀《論語》可以培育學生的人文素養，孔子的教育方針因材施教，可以掌握學生的動向；循循善誘，可以使教材、教法生動活潑，以引發學生的學習興趣；創意思考教學的啟發，可以提升學生對問題的思辨能力。

二　經典閱讀教學的新契機

經典的義涵，可以溯源自南朝劉勰（西元465年-西元520年）《文心雕龍・宗經》所說：「經也者，恆久之至道，不刊之鴻教也。故象天地，效鬼神，參物序，制人紀，洞性靈之奧區，極文章之骨髓者也。」說明經書銘記了人世間，永恆不可改易的偉大言論，與生民的寶貴知識。透過經典閱讀教學，可以引領學生開啟古今文學的堂奧，在古聖賢哲的經典話語中，開拓學生的新視野，陶冶其閱讀品味，激勵終身學習之意志，進而培育人文素養，以塑造高尚的人格。

根據美國教育家豪爾・迦納博士（Dr. Howard Gardner, 1943-）在一九八三年出版了《智力架構》（*Frames of mind*）一書，提出多元智慧論，認為人類具有語文智能、邏輯數學智能、空間智能、肢體動覺智能、音樂智能、人際智能、內省智能、自然觀察者智慧等八項智慧。（李平譯，1999；郭俊賢，陳淑惠譯，2000）茲依據豪爾・迦納博士八項智慧標準，來推動閱讀《論語》教學，以培養學生的多元智能的教學目標，如下：

（一）語文智能（linguistic intelligence）

有效運用口頭語言和書面文字以表達自己想法和瞭解他人的能力。包括把語言的結構、發音、意思、修辭和實際使用加以結合，並運用自如的能力。語文智能是國文教學的首要目標，期盼經由《論語》文本中，字詞文義的分析、義理的闡述、延伸閱讀等教學方針，以提升學生的語文智能，進而對儒家學說有更深入的理解。

（二）邏輯數學智能（logical-mathematical intelligence）

有效運用數字和推理的能力。包括能計算、分類、分等、概括、推論和假設檢定的能力，及對邏輯方式和關係、陳述和主張、功能及其他相關抽象概念的敏感性。透過《論語》中孔子與弟子經典的對話，與豐富的文化涵養和多元情境的刺激，以發展學生邏輯推理的智能。

（三）視覺空間智能（spatial intelligence）

能以三度空間來思考，準確的感覺視覺空間，並把內在的空間世界表現出來。這種求知的方式是透過對外在的觀察（運用肉眼）與對內在的觀察（運用心眼）來達成。透過《論語》中孔子以啟發式的教育方法來教導學生的主張，可以引導學生深入探討學問的真諦。

（四）肢體動覺智能（bodily-kinesthetic intelligence）

善於運用肢體來表達想法和感覺，運用身體的部分生產或改造事物。喜愛具體的學習經驗，包括特殊的身體技巧，如彈性、速度、平衡、協調、敏捷，及自身感受的、觸覺的和由觸覺引起的能力。透過《論語》文本孔子與弟子的對話，可以增進學生動覺智能的表達能力。

（五）音樂智能（musical intelligence）

能覺察、辨別、改變和表達音樂的能力。包括對音調、節奏、旋律或音質的敏感性，及歌唱、演奏、作曲、音樂創作等能力。透過《論語》文本，可以瞭解孔子重視音樂教化，並且認為禮樂教化，能促進人際關係的和諧圓滿，是人格修養的憑藉，更是君王感化人心，化民成俗，樹立德範的基石。

（六）人際智能（interpersonal intelligence）

覺察並區分他人情緒、動機、意向及感覺的能力，即察言觀色、善解人意。包括對表情、聲音和動作的敏感性，辨別不同人際關係的暗示，對暗示做出適當反應，以及與人有效交往的能力。儒家的經典，猶如「生生不已，源泉滾滾，沛然莫之能禦」的活水，涵詠其中（林安梧，2000），不但可以契入知識的融通，更可以培養美善的人格。透過《論語》文本，可以了解孔子教導學生以「忠恕」二字（《論語·衛靈公》），作為進德修業、立身處世的基石。

（七）內省智能（intrapersonal intelligence）

正確自我覺察的能力，即自知之明，並依此做出適當的行為，計畫和引導自己的人生。包括了解自己的優缺點，認識自己的情緒、動

機、興趣和願望，以及自尊、自省、自律、自主、達成自我實現的能力。透過《論語》的教材，可以見到孔子指導學生德行修養上要做到「見賢思齊，見不賢而內自省」（《論語‧里仁》）以修養高尚的品德。

（八）自然觀察者智能（naturalist intelligence）

對生物的分辨觀察能力，如動物、植物的演化；對自然景物敏銳的注意力。這種求知的方式是透過和大自然的接觸，包括欣賞和認識動植物、辨認物種的成員等。透過《論語》的教材，可以見到孔子勉勵弟子研讀《詩經》，並且說：「詩可以興，可以觀，可以群，可以怨；邇之事父，遠之事君；多識於草木鳥獸之名」（《論語‧陽貨》）孔子重視詩教，並且引導學生觀察自然的能力，認識許多草木鳥獸之名。

綜合上述，可知在經典閱讀的教學天地裡，我們心湖深處，有名山的靈秀，大川的浩蕩，孕育得我們雄姿英發。孔子的機智，孟子（西元前372年-西元前289年）的雄辯，世代相傳，與日月同光。古聖先賢的智慧結晶，猶如長江水滾滾東流，灌溉我們的家園，潤澤充實我們的文化，使中華兒女的慧力定見，在高度文明的國家中首屈一指。中華文化源遠流長，博大精深，深植於每一個人的思想與生活中。儒家學說體用兼備，更是傳承中華文化之中流砥柱。

三　落實經典閱讀教學——以《論語》教材為例

橫邁古今，跨越西東，學習的天空，是無限的寬廣，兩千多年前，孔子以「有教無類、誨人不倦」的精神，引領莘莘學子，悠遊在古籍經典的源頭活水中，期許莘莘學子勤啟良書卷，以智慧的言語、經典的話語，陶冶心性及增長見聞，進而提升自己的德業修養，更樹

立了以儒家思想為主流的中華文化。德國哲學家黑格爾（Georg
Wilhelm Friedrich Hegel, 1770-1831）說：「經典是永恆的，因為它會
不斷激起讀者心靈中的理念典型。」這的確是深中肯綮的言論。茲述
《論語》教材，對現代教育之啟示，如下：

（一）創意思考教學的啟發

在遙遠的春秋時代，許多有志向學的青年學子，帶著簡單的行囊
及一束肉乾，不畏路途的迢遙，抱著「有朋自遠方來，不亦說乎」
（《論語‧學而》）的理念，到魯國山東曲阜孔家村來拜師學習。在一
片松柏蓊鬱的杏壇裡，傳來琅琅的讀書聲，一位令人「望之儼然，即
之也溫，聽其言也厲」（《論語‧子張》）的博學鴻儒，正在講堂上為
學生們講授「仁道」的旨趣為何？弟子們正全神貫注的在聆聽孔子所
傳承的義理，並且讓學生提問，一向不違如愚，卻有聞一知十才智的
顏回，首先提問，接著子張、子貢、樊遲都提出「實踐仁德的方法為
何？」孔子一一為弟子們解答疑惑，並且不一其辭。孔子以「克己復
禮」、「愛人」（《論語‧顏淵》）來詮釋「仁」的真諦。

綜觀《論語》中孔子所敘述的「仁」，包含孝弟、不巧言令色、
克己復禮、對人恭敬、做事敏捷、施惠給人……等美德，幾乎涵蓋人
類各種德行的表現，從為人子女孝順父母、友愛兄長做起，孝弟是行
仁的根本，勉勵仁者要從根本下功夫；在言談舉止上，不說花言巧
語、不以諂媚的態度待人處世；更重要的是沒有仁德之心的人，即使
有高雅純正的禮樂教化，也無法改變他的言行修為，足證孔子認為仁
是所有善行的根源。由上述可知，「仁」潛藏在每個人的內心深處，
是不假外求的，是每個人內在品德涵養的結果，並且照亮整個中國
族群。

因材施教，可以掌握學生的動向；循循善誘，可以使教材、教法

生動活潑，以引發學生的學習興趣。創意思考能力的啟發，是學校教育主要目標之一，早在二千多年前，我國至聖先師孔子在《論語》一書中便說：「學而不思則罔，思而不學則殆。」（《論語・為政》）宋儒程頤也說：「博學、審問、慎思、明辨、篤行，五者缺一不可。」（《中庸》）這是勉勵學生求學時務必學思並重，教育家杜威（John Dewey, 1859-1952）也說：「學由於行，得由於思。」強調優良的教學貴在能培養學生良好的讀書習慣，以及獨立思考的能力。發問技巧與思考教學有密切的關係，因為發問之後，學生作答須運用心智去尋求答案，這也就是孔子所說的：「不憤不啟，不悱不發，舉一隅，不以三隅反，則不復也。」（《論語・述而》）因此每位教師要突破傳統注入式教學法的瓶頸，運用創造思考教學法，來提升學生對問題的思辨能力。

（二）終身學習的典範

「有教無類」、「因材施教」的教育理念，彰顯孔子對教育理想的執著。孔子一生淡泊名利，終日孜孜不倦於治學與教學上，他自己曾說在進德修業上的歷程是循序漸進，孔子說：「吾十有五而志於學；三十而立；四十而不惑；五十而知天命；六十而耳順；七十而從心所欲，不踰矩。」（《論語・為政》）孔子從十五歲開始就發憤圖強，立志向學，一直到七十歲的的隨心所欲，不踰越法度。可見孔子一生於自我之進德修業是努力不輟，好古敏以求，並且以「學而不厭、不恥下問」的態度去學習各項新知，以開拓自己的知識領域，最後成為感通人類、洞明世事、潤化萬物的一代大儒，所以孟子推崇孔子是「聖之時者也」（《孟子・萬章下》）。

孔子說自己在鑽研學問上，已經達到廢寢忘食的地步，也忘卻自己老之將至，從孔子研讀《易經》到韋編三絕的境界可以得到佐證，

孔子堪稱終身學習的最佳典範。弟子們在孔子「學而不厭，誨人不倦」（《論語・述而》）的精神感召下，都能認真學習，並且學有所成。

在知識經濟蓬勃發展的時代，唯有提高人力素質，才能迎接各項挑戰與開拓新局。要提昇國民的素質，拓展宏觀的視野，以培養開闊的胸襟，首要之途就是要灌輸青年學子終身學習的理念，莊子說：「吾生也有涯，而知也無涯。」所以學識的獲得是永無止境的，若一個人在工作之餘，不忘記「日知其所無，月無忘其所能」（《論語・子張》），學識必定是日益精進的，對自己所從事的職業定有莫大的助益。因此學校教育的願景，應該以科技與知識為經，以全民學習為緯。人人以活到老，學到老的精神，激發自己的潛能及創造思考力，來建立終身學習的社會為鵠的。

（三）美善人格的彰顯

教育的熱忱，促使孔子開創私人講學的風氣，並且推動學術大眾化的目標：一方面是為實現仁政德治的理想，進而培養才德兼備的治世能人；另一方面是教人立身處世之道，就是要加強倫理道德思想，以促進自我修養的工夫。所以孔子說：「興於詩，立於禮，成於樂。」（《論語・泰伯》）「詩」、「禮」、「樂」是孔子平日教導學生的重要教材，並且說：「入其國，其教可知也。其為人也溫柔敦厚，《詩》教也；疏通知遠，《書》教也；廣博易良，《樂》教也；絜靜精微，《易》教也；恭儉莊敬，《禮》教也；屬辭比事，《春秋》教也。」（《禮記・經解》）。因此孔子也以「不學禮，無以立；不學詩，無以言」（《論語・季氏》）來勉勵兒子，由此可知，經由經典的啟發，可以契入知識的融通，在佈乎四體，行乎動靜後，可以培養美善的人格特質。

孔子在休閒時，喜歡與弟子們閒話家常，傾聽弟子抒發個人的抱

負，在《論語‧先進》中，敘述有一天子路、子貢，公西華侃侃而談自己的志向，當時正在一旁彈琴的曾點也表明心志，描述出「浴乎沂，風乎舞雩，詠而歸」的情景，暮春三月，春暖花開，五六個成人與六七個童子結伴出遊，到沂水邊洗澡，到舞雩下乘涼，沐浴著溫暖的陽光，欣賞大自然的美景，然後大家一起唱著歌回家，這是一幅多麼吸引人的春遊畫面，顯現出安寧平和的世界，與孔子主張「仁」的道德情境相符合，因此孔子由衷的讚許曾點「澹泊以明志，寧靜以致遠」的人生境界。

《禮記‧樂記》說：「安上治民，莫善於禮；移風易俗，莫善於樂。」可見自古以來，健全的體魄，寓於健全的心靈，在靜態方面，可經由藝術、文學、音樂等交流活動，以陶冶心性，充實生活內涵，增加生活情趣。在動態方面，可以走出室外，接觸大自然，藉著登山、郊遊、旅行等活動筋骨，擴展視野，嘯傲於青山綠水間，可以滌盡煩憂，學習山的包容與海的豁達，進而使身心保持平衡，情感理智得到和諧發展，重新燃起奮發向上的生命力，以開創人生的光明面。

（四）人文關懷的落實

人文的關懷，是維繫倫理道德的基石。因此孔子教導弟子，父母在世時，為人子女就要冬溫夏清、昏定晨省，克盡孝道；到父母離開人世，要依照世俗的禮節來安葬他們、來祭祀他們，這也就是《禮記‧禮運》所說：「禮義也者，人之大端也……所以養生送死、事鬼神之大端也。」說明禮義是每個人立身處世的根本，人類以禮義為推動道德的原動力，它維繫了人類良好的人倫關係，使人們養生送死都合乎禮節。由此可見，禮義是維繫人倫社會的圭臬。儒家所談的禮不但通於道德，更包括了祭祀之禮，也是孝道的延伸與擴大。

曾子說：「慎終追遠，民德歸厚矣。」（《論語‧學而》）「慎終」

的意思，就是為人子女要以敬慎的心情，去辦理父母的喪事；「追遠」，就是後代子孫要以不忘本的心情，去祭拜歷代的祖先。不管是喪葬或祭祖，都是追懷祖先德澤的孝道表現。孔子說：「吾不與祭，如不祭。」（《論語‧八佾》）說明孔子在祭祀祖先時，以虔誠恭敬的態度及敬畏的心情投入祭祀中，好像祖先「洋洋乎如在其上，如在其左右」（《中庸》），肯定已去世的祖先，仍然如一般人真實的存在於人世間，可以福佑子孫，表示孝子不忘本，一舉足不敢忘記祖先的恩德，一出言不敢忘記祖先的存在。有這樣的孝思，上行下效，社會的風氣定會日趨於純樸篤厚，不但能夠興起仁愛的風氣，也能夠讓後代子孫在戒慎恐懼中，體認生命存在的價值。

（五）公民教育的提昇

孔子說：「弟子入則孝，出則弟，謹而信，泛愛眾，而親仁，行有餘力，則以學文。」（《論語‧學而》）如果在學習上，道德與知識無法兼顧，就應該以道德為先，所以說「行有餘力，則以學文。」說明孔子禮樂教化的精神內涵就是「仁德」，而「禮」可說是人活在這個世界上所依存的一個規範，「樂」是美化心靈的催化劑。通過禮樂教化的薰陶，可以喚醒人們道德的自覺，以提升學生具有公民教育的專業素養。使得學生在家能夠孝順父母，友愛兄弟姊妹；在校懂得尊師敬長，友愛同學；離開學校，踏入社會上能奉公守法，敬業樂群，這都是孔子禮樂教化，點燃了人們生命的善性，進而照亮社會人心，以落實人文的關懷。

《中庸》說：「知、仁、勇三者，天下之達德也。」孔子說：「智者不惑，仁者不憂，勇者不懼。」（《論語‧子罕》）說明凡是三德兼備的人，就可以稱為人格完美的君子。儒家教育學生，也就是以培養三達德為目標。因此孔門以「禮、樂、射、御、書、數」六藝為教材

內容，以「禮樂」培養仁德，以「射御」培養勇德，以「書數」培養知德，目的就是希望學生具有完美之人格。德化禮治是人文教養，開發人性自覺向善的根源，進而能夠聞善能徙，改過遷善，也就是使天下人民有羞恥心，而能修養完美的人格，實踐仁義道德。孔子說：「君子不重則不威，學則不固。」（《論語‧學而》)，以及《大學》所說的：「格物、致知、誠意、正心、修身」的一貫道理，都是在告訴我們，一切做人的道理必須從自我做起，然後才能推己及人。人人心地純正，國家自然有光明的前途，人民才能生活在安康幸福中；反之，社會紊亂，是非不明，真理不彰，失去公平正義，人民必定生活在煩惱的深淵裡。可見孔子的禮樂教育思想，蘊涵著公民教育的理念。

四　結論

儒家思想是中華文化的主流，自孔子、孟子建立了完整體系以後，迄今已歷兩千餘年。在世界文化史上，一直居於重要地位。美國現代歷史哲學家杜蘭博士（Dr. Will Durant, 1885-1981）在他所著《我們的東方遺產》（*Our Oriental Heritage*）一書中說：「中國歷史可以孔子學說影響來撰述。孔子著述，經過歷代流傳，成為學校課本，所有兒童入學之後，即熟讀其書而領會之。此一古代聖哲的正道，幾乎滲透了全民族，使中國文化的強固，歷經外力入侵而巍然不墜；且使入侵者依其自身影響而作改造。即在今日，猶如往昔，欲療治任何民族因唯智教育以致道德墮落，個人及民族衰弱而產生的混亂，其有效之方，殆無過於使全國青年接受孔子學說的薰陶。」[2]（DR. Will Durant, 1976）這一段深中肯綮的言論，證明孔孟學說中的倫理道德，的確具

2　DR. Will Durant：《Our Oriental Heritage》，1976年1月，頁685。

有新時代的意義。我們可以從《論語》、《孟子》、《大學》、《中庸》四書中，了解到儒家學說不僅具有完整的理論體系，而且提示了切實可行的為人治事的原則。

在《論語》一書中，蘊涵著孔子的教育思想，傳承著瑰麗的儒家文化，我們隨著孔子的足跡，踏上這趟文化之旅，讓我們見到中國文化「宗廟之美，百官之富」的堂奧。「天不生仲尼，萬古如長夜」（宋・強幼安《唐子西文錄》），至聖先師孔子猶如一顆慧星，照亮中華文化的前程，開啟我國私人講學的先河，奠定了儒家學說的理論基礎，而孔孟學說更是垂教萬世的金科玉律及為人處世的典範。德國大哲學家康德（Immanuel Kant, 1724-1804）強調：「好教育即是世界上一切善的泉源。」的確，在因應未來更具開放性與多元化的社會發展趨勢，要想使青年學子了解中華文化，而不致數典忘祖，就必須培養學生閱讀經典古籍的興趣，給予他們倫理道德的涵養，以樹立正確的人生觀及優美的情操，進而提昇學生的人文素養。

徵引文獻

一　古籍

〔漢〕鄭玄注、〔唐〕孔穎達等正義：《禮記正義》，臺北：藝文印書館，1998年。

〔魏〕何晏集解、〔宋〕邢昺疏：《論語注疏》，臺北：藝文印書館，1998年。

〔東漢〕趙岐注、舊題〔宋〕孫奭疏：《孟子注疏》，臺北：藝文印書館，1998年。

〔宋〕朱熹：《四書章句集註》，臺北：鵝湖出版社，1998年。

〔宋〕強幼安：《唐子西文錄》一卷，《四庫全書》收於集部詩文評類。

二　現代專著

林安梧：《教育哲學講論》，臺北：讀冊文化，2000年。

梁啟超：《清代哲學概論》，天津：古籍出版社，2004年。

黃淑琳：《文心雕龍輯注》，北京：中華書局，1957年。

謝淑熙：《道貫古今──孔子禮樂觀所蘊含之教育思想》，臺北：秀威資訊公司，2005年。

郭俊賢、陳淑慧譯：《多元智慧的教與學》，臺北：遠流出版社，1999年。

劉真、江雲鵬、李同立等：〈邁向超物質化世界──人文精神的追尋〉，《師友月刊》（1993年2月）。

DR. Will Durant：《Our Oriental Heritage》，1976年。

全人教育融入《禮記・學記》教學示例[*]

一　前言

在知識經濟蓬勃發展的時代中，知識已成為運籌帷幄決勝千里的關鍵。多元化的教育思潮，不斷衝擊著臺灣的未來，因此終身學習已成為前瞻未來的指標。

根據美國教育家豪爾・迦納博士（Dr. Howard Gardner）在一九八三年出版了《智力架構》（*Frames of mind*）一書，提出多元智慧論，認為人類具有語言智能（linguistic intelligence）、視覺空間智能（spatial intelligence）、邏輯數學智能（logical-mathematical intelligence）、肢體動覺智能（bodily-kinesthetic intelligence）、音樂智能（musical intelligence）、內省智能（intrapersonal intelligence）、人際智能（interpersonal intelligence）、自然觀察者智能（naturalist intelligence）等八項智能。[1]我們樂見多元智能教育制度的開啟，在教學活動中注入新意，引導學生適應「瞬息萬變的社會」為學習的主軸，跨學科的整合，開啟學生全方位的能力；智能教育與文化陶冶相輔相成，提供學生適性發展的學習環境。德國大哲學家康德（Immanuel Kant, 1724-1804）強

---

[*] 本論文發表於二〇二〇年十二月十一日國立臺北教育大學舉辦的第一屆經典詮釋暨語文教育學術研討會。

[1] David Lazear著，郭俊賢、陳淑惠譯：《落實多元智慧教學評量》（臺北：遠流出版事業公司，2000年）。

調：「好教育即是世界上一切善的泉源」，這的確是深中肯綮的言論，正說明教育是推動社會進步的原動力。

為因應二十一世紀多元化的社會發展趨勢，為挽救人類生態環境及傳統文化所面臨的諸多挑戰，落實「全人教育」（Holistic Education）的理念，以提升全民的人文素養，乃是學校教育的重要課題。全人教育學者拉蒙・那瓦提出全人教育四大面向，即：一、發展出新的科學意識（強調混沌、不確定性、事件的非地域性等）；二、生態或環境面向（強調永續發展）；三、社會面向（強調平和、社會參與、世界公民參與等）；四、性靈面向（主張以此作為所有學科真正的教學核心）；四者互相連結成一個機動的教育網絡（dynamic educational network）。整體而言，全人教育強調永續發展與多元化，著重生態保育與環境倫理等論題。[2]全人教育理念為今日全國各級學校主流風潮，本文希望藉由探究《禮記・學記》所蘊涵的全人教育理念，引導學生認識儒家思想的精隨，進而落實人文素養教育，以重建校園倫理。教學的目的首先是引導學生閱讀《禮記・學記》，並學會搜尋網路資訊、分析整理、及小組的辯論修正中，以增進批判性思考（critical thinking）的能力。其次是提升學生對閱讀主題的了解，並且吸取書中的精華加以融會貫通，以啟迪學生的性靈，進而表達在寫作及應對進退上。

二 全人教育的義涵

一九九○年代，高度科技化下的社會偏差現象湧現，有識之士重新檢視教育體系後發現，過度重視認知、技術、專門而忽視情意、人

2　陳能治：〈全人教育概念在歷史教學中的實踐──以史前史教學為例〉，《歷史教育》第18期（2011年6月），頁108。Ramon Gallegos Nava, Holistic Education: Pedagogy of Universal Love, pp.45-46.

文、通識的教育過程，是造成個人人格失衡，進而導致社會脫序的重要原因。有鑑於此，一九九〇年來自七國八十位關注全人教育的學者專家，針對美國《目標2000：美國教育法案》（Goals 2000: Educate America Act）提出「芝加哥宣言」並揭示全人教育的十大原則：一、為人類的發展而教；二、將學習者視為獨立的「個體」；三、承認「經驗的」在學習中的關鍵角色；四、以「整全觀」為切入點的教育；五、教學者的新角色；六、選擇的自由；七、教養學生成為一個能夠參與民主社會的公民；八、為文化及倫理的多元性、地球公民權而教；九、為地球的人文關懷而教；十、性靈和教育。正說明了全人教育是開啟學習者心中自我覺醒之門——道德、文化、生態保育、經濟、專技與政治的自覺。而課程內容是跨學科的，係從社群整體，也從地球整體的觀點來考量，是人類精神最大的激動力。[3]可見全人教育的目標，與國家社會的進步發展有著休戚與共的關係。

全人教育旨在建立一個永續的、公正的、和平的社會，期使人類能與地球及地球上的生命體和諧共處（Collister, 2001；Flake, 1993）。黃俊傑教授根據儒家的觀點指出，「全人教育」包括三個互有關聯並交互滲透之層面：一、身心一如：人的心靈與身體不是撕裂而是貫通的，不是兩分的而是合一的關係；二、成己成物不二：人與自然世界及文化世界貫通而為一體，既不是只顧自己福祉的自了漢，也不是只顧世界而遺忘個人的利他主義者，而是從自我之創造通向世界之平治；三、天人合一：人的存在既不是孤零零的個體，也不是造物者所操弄的無主體性之個人，而是具有「博厚高明」的超越向度的生命。[4]由

3　陳能治譯：〈公民2000年教育宣言——從全人教育觀點〉（Education 2000Aholistic Perspective），《歷史教育》第18期（2011年6月），頁1-6。

4　黃俊傑：〈二十一世紀全球化時代的大學理念與大學教育：問題與對策〉，收入黃俊傑：《全球化時代大學通識教育的新挑戰》（高雄：中華民國通識教育學會，2004年），頁167-180。

上述可知，全人教育的目標在開發學生的多元能力，全人教育的精神與內涵，在於揭櫫「教學的內容重在能力的啟發培養，而不是知識的記誦」，「教學方式著重於老師提供開放、尊重、討論的教學環境，以生命感動生命，啟動學生對生命的熱愛與實踐」。可見全人教育的推展是任重而道遠的。

三　全人教育融入經典閱讀教學的運用

《禮記·學記》是中國第一部教育理論專著，更是儒家教育學者智慧的瑰麗結晶，全篇不僅從教師的角度，闡述先秦時期儒家教育制度、教育目的和教學內容，並且從學生的角度，探討學習心理、學習原則和學習方法等教育理論，是弘揚我國古代儒家教育思想的重要文獻，至今仍有其重要的教育價值。《禮記·學記》所闡述的教育目標是著重於人格修養，運用人文教育的方法，實現全人發展的理想。在二十一世紀以知識經濟為導向的時代中，全人教育理念為今日全國各級學校的主流風潮，也是開發學生多元能力，實現全人發展的理想目標。本文希望藉由「全人教育」（Holistic Education）的理念融入《禮記·學記》的經典閱讀教學，以引導學生認識儒家教育思想的精隨，進而提昇人文素養，以重建校園倫理。

本研究是透過「大一國文」課程教學來進行，其選課學生為大一學生，引導學生透過深入的閱讀與分析，培養批判性思考（critical thinking）的能力，能從學習中培養學生的人文素養及提升學生寫作能力。而教學的進行係強調個人閱讀心得寫作與小組研究報告分享，以達到學生對該經典的閱讀能夠充分和周延。經由老師的引導，學會如何搜尋網路資訊、分析整理、並能進行見解的溝通和交流，以提升對主題的了解及思考能力。在課程設計與學習內容上，全人教育論者

以為應優先考量整體脈絡、問題、觀念、學習過程，更甚於內容、答案、事實（fact）與學習結果。學習之最終目的在教導學生知曉「學習如何去學習」（learning how to learn），故著重培養學習者之洞察力。[5]茲依據 Edward T. Clark 和 Ron Miller, (Ed.) 二位學者所提出全人教育的教學理念[6]，簡述六個要素，如下：

（一）單元概論的導讀

教師可以利用簡報式（Powerpoint）教學法與網路互動式的教學法，提供豐富多元與教材主題相關的一些背景材料，喚起學生原有知識經驗，為新的學習作好準備的教學設計。

（二）學習內容的統整

學生的學習內容必須加以統整，兼顧認知與情意、人文與科技、專門與通識的學習內容。學生經由網路資源進行研究的學習過程，並逐步建構屬於自己思維的概念體系。

（三）多元的評量方式

全人教育論者在多元智慧論的影響下，認為應注重個別經驗的差異性，評量的方式應隨個體經驗而變。主張多元測驗與評量方式，以培養自動自發、自我訓練以及真正具有學習熱忱的學習者。[7]

---

5 Edward T. Clark, "Guidelines for Designing a Holistic School" Carol L. Flake (Ed.), Holistic Education: Principles, Perspectives and Practice, pp.121-131.

6 陳能治：〈全人教育概念在歷史教學中的實踐——以史前史教學為例〉，《歷史教育》第18期（2011年6月），頁101-134。

7 Ron Miller, (Ed.), The Renewal of Meaning in Education, pp.361-371. 23 Edward T. Clark, "Guidelines for Designing a Holistic School," Carol L. Flake (Ed.), Holistic Education: Principles, Perspectives and Practice, pp.121-131.

（四）建立學習社群

　　全人教育論者主張教學者必須重新審視自我的角色，以創造一個協同學習的環境，只有如此才能養成具有參與公共事務能力的公民；所以在學習過程中，建立學習社群（learning community）以進行對話很重要，透過對話，不僅讓學生進行社會化，也促進學習成效，此為重塑人類文化重要途徑。[8]

（五）性靈啟蒙的必要性

　　教師必須提供學生充分探究身心潛能的機會，兼重學習與思考、分工與合作的學習過程，讓學習者進行個體與各種社群的連結，從中理解自我與他我，以達致個體的轉化。在性靈教學活動設計上，若教學者時時以啟迪學習者性靈為念，則處處可見玄機。[9]

四　全人教育融入《禮記·學記》教學示例

　　學生的學習內容必須加以統整，兼顧認知與情意、人文與科技、專門與通識的學習內容；在教育方法方面，教師必須提供學生充分探究身心潛能的機會，兼重思考與操作、觀念與實踐、分工與合作、欣賞與創作的學習過程；在教育組織方面，學校必須統整行政結構與行政運作以為示範，並提供每一學生與教師所需的教學材料與行政資源。茲依據全人教育融入《禮記·學記》設計的教案如下：

8　Ramon Gallegos Nava, Holistic Education: Pedagogy of Universal Love, pp.117- 120.

9　陳能治：〈全人教育概念在歷史教學中的實踐──以史前史教學為例〉，《歷史教育》第18期（2011年6月），頁115。

（一）課程目標

1. 學生能透過影片的介紹，進入《禮記》的領域，啟發其閱讀興味。
2. 學生能利用簡報製作，訓練蒐整資料與善用電腦的能力。
3. 學生能利用分組討論，培養口語表達與思辨的能力。
4. 學生能藉由課文的解析，體驗生活的情境與性靈的啟蒙。

案：選用與教育有關的電影片段與史實：

一、孔子 https://kknews.cc/entertainment/xnvpz8q.html

二、心靈捕手 https://kknews.cc/entertainment/xnvpz8q.html

生命的組曲，由一串小故事積累而成；人生的長河，是由生活點滴匯聚而成。有些人能夠忠於自己的本分，並且能夠推己及人，俯仰無愧的立足於世，成為人人稱道的聖賢。學生從欣賞介紹孔子的電影片段與史實中，以激發學習的動機與興趣。

（二）單元概論導讀

1. 了解《禮記》一書的內容與特色
2. 了解《禮記・學記》闡述教學之功效為何
3. 了解我國古代大學教育的內容與施教原則為何
4. 了解師生之間教學、問學與尊師重道的方法為何

案：《禮記》是孔子門下弟子，聽孔子傳授有關禮的學問，因而筆記成書，或者更晚的孔門弟子，把這些有關禮的學問蒐集起來的文獻，非一時一地一人之作。《禮記》本為一百三十一篇，漢代戴德刪取八十五篇，是為《大戴禮記》；戴聖刪取四十九篇，是為《小戴禮記》。大、小戴《禮記》皆屬於今文經。孔壁所發現的

書籍亦有《禮記》；東漢鄭玄注解小戴《禮記》則以古文《禮記》為主，兼用今古文。梁啟超說：「《禮記》之最大價值，在能供給以研究戰國秦漢間儒家者流——尤其是荀子一派——學術思想史之極豐富的資料。蓋孔氏之學，在此期間始確立，亦在此期間而漸失其真，其蛻變之跡與其幾，讀此兩戴《記》八十餘篇最能明了也。」[10]可見《禮記》全書的內容苞蘊宏富，有些篇章是銓釋人生哲理、有的是談論政治制度、有記載禮樂器物、或詳述生活儀節，是我國古代人民生活大全的禮學叢書。

《禮記·學記》是中國第一部教育理論專著，主要記載有關先秦時期儒家教育制度、教育目的、教學內容、教育方法等一系列教育理論。其論述主要是探討古代大學裡「如何教？如何學？」的議題，與《禮記》另一篇〈大學〉專論「教什麼？學什麼？」的內容，有著互為表裡的關係，可比並閱讀，是研究儒家教育思想的珍貴資料。《禮記·學記》，說明了師生之間教學、問學的方法與道理，是儒家學者智慧的瑰麗結晶，至今仍有其重要的精神價值，值得後人學習與借鑑。

（三）學習內容統整

單元概念	內容描述
1.教學功效	1.「君子如欲化民成俗，其必由學乎！」 說明為學之效應，可以化民成俗。
2.大學之教	2.「大學之教也，時教必有正業，退息必有居學。」 說明為學當積學漸進，不可求速成。

---

10 梁啟超：《要籍解題及其讀法》，《梁啟超全集》（北京：北京出版社，1999年），冊8卷16，頁4649。案：作於1925年。

單元概念	內容描述
3.施教原則	3.「一年視離經辨志，三年視敬業樂群，五年視博習親師，七年視論學取友，謂之小成；九年知類通達，強立而不反，謂之大成。」 說明古代的學校制度與教育階程的次第。
4.古代大學教學興廢之原因	4.興：（1）預防法：禁於未發之謂豫 　　　（2）及時法：當其可之謂時 　　　（3）漸進法：不陵節而施之謂孫 　　　（4）觀摩法：相觀而善之謂摩 　廢：（1）發然後禁，則扞格而不勝 　　　（2）時過然後學，則勤苦而難成 　　　（3）雜施而不孫，則壞亂而不修 　　　（4）獨學而無友，則孤陋而寡聞 說明古代大學教人的方法，在一切邪惡的念頭未發生之前，就用禮教來約束禁止，以防患於未然。
5.進學之道	5.「善學者，師逸而功倍，又從而庸之。」 「善問者，如攻堅木，先其易者，後其節目，及其久也，相說以解；不善問者，反此。」 說明師生教與學的方法與道理。
6.學者四失	6.「學者有四失，教者必知之。人之學也，或失則多，或失則寡，或失則易，或失則止。」「教也者，長善而救其失者也。」 說明為師者宜知求學的人容易產生的四種缺失，而加以對症下藥。

案：〈學記〉是我國古代教育文獻中，最早且體系較嚴謹的一篇，是儒家教育學生的代表作。其中對於教育的重要性，教與學的互

動，古代的學制，教學的技巧方法等，均有詳細的論述。古代九年學程之規劃與考核學習成績的制度，每隔一年考察學生學習成效如何？視察之重點，以德育與智育為圭臬。從考問經書的文辭句讀，解析文義、辨別志意之趨向開始，循序漸進，觀察學生的言行，考察學生是否專注於學業，樂於與朋友和睦相處，是否能夠尊師重道，是否能擇取益友以進德修業，完成上述進學階段就可以稱之為小成。九年時知識通達，能夠觸類旁通，遇事不惑而且不違背師訓，就可以稱之為大成。可見古代的大學教育，在於教導學生由認知層次，提昇為篤實踐履，以培養健全的人格，進而發揮所學，以淑世治人，營造溫馨和諧的社會為最終目標。

　　古代大學教育所以成功，即是教師擅於運用「預防法」、「及時法」、「漸進法」、「觀摩法」等四要素，並發揮孔子「因材施教」的教育精神，了解學生之心理傾向，啟發學生能主動學習，循循善誘，不要壓抑學生，以激發其創意思考的能力。可見〈學記〉所強調的教學方法，與孔子「舉一隅不以三隅反」（《論語・述而》）的教學主張如出一轍，均是經由啟發誘導教學方法，以引導學生多元學習的興趣。因此教師教導學生的重要目標，就是使「人盡其材」，並且要引導學生「見賢思齊焉，見不賢而內自省也。」（《論語・里仁》），鼓勵他們發揮所長，進而培育出健全的人格。

（四）多元評量方式

1　分組活動報告

週次	分組	主題	內容
五	第一組	何謂三禮	1.《周禮》原名周官，記載的是周朝的官制，並非真正的禮文。 2.《儀禮》儀禮所記載是古代的禮節。 3.《禮記》是孔門後學所記，為十三經之一。十三經注疏的禮記為東漢鄭玄注，唐孔穎達疏。
五	第二組	古代大學教育施教之七項原則	皮弁祭菜，示敬道也。 宵雅肄三，官其始也。 入學鼓篋，孫其業也。 夏楚二物，收其威也。 未卜禘，不視學，游其志也。 時觀而弗語，存其心也。 幼者聽而弗問，學不躐等也。
六	第三組	與學習相關的成語	1.懸梁刺股；2.鑿壁偷光 3.囊螢映雪；4.映月讀書 5.焚膏繼晷；6.牛角掛書 7.手不釋卷；8.韋編三絕 9.目不窺園；10.口舌成瘡，手肘生胝
六	第四組	《禮記・學記》闡述的重要教育理念	1.擇師與尊師的重要 2.重視學生的個別差異 3.重視學生的學習心理

週次	分組	主題	內容
七	第五組	《禮記・學記》教育理念對現代教育之啟示。	1.人文關懷的落實 2.公民教育的提昇 3.全人教育的推展

2 個人心得寫作

請寫一篇閱讀《禮記・學記》一文的心得？（文長以五百字為原則）

案：學生在學習過程中，建立學習社群（learning community）以發揮群組合作學習及知識共享的任務，可以增進學生運用知識及啟發獨立思考的能力，人人能夠與同儕相處學習，互助合作，進而使知識的獲取、累積、加值、創新與運用能夠有效的發揮。

　　分組活動報告，更是全人教育的重要一環。〈學記〉說：「獨學而無友，則孤陋而寡聞。」可見學生在學習過程中，同儕的切磋可以截長補短，互相觀摩學習。《禮記・學記》全文詳述老師的教學方法與引導學生進德修業的準則、說明學生問學的方式與態度，是儒家學者智慧的瑰麗結晶，至今仍有其重要的精神價值，值得後人學習與借鑑。教師應從多元的評量方式，來探究學生學習效果與教導學生解決問題的能力，進而提升學生的學習興趣。分組活動報告可以發揮學生的潛力，從上網搜尋相關資料、翻閱紙本書籍研究教材內容、與同學討論報告主題等等，不但可以讓學生集思廣益，增廣見聞，開闊視野，更可以增進與同學間的情誼。學生合作完成分組報告簡報，每位同學的上臺報告，也能訓練同學的思辨能力與口語表達能力。可見分組活動報告意義非凡，並且可以達到南朝劉勰（西元465年-西元520年）《文心雕龍・宗經》所說：「積學以儲寶，酌理以富才，研閱以窮照，馴致以繹辭。」的境界。

學生心得寫作範例如下：

範例一：《禮記‧學記》中敘述著我國古代學制、教育理想以及教育方法。前兩段敘述著古代君王要建國君民須以教育為優先，而第三段則敘述教學相長的重要性，我認為只有單方面的學對於學習是不夠的，還要藉由教導他人的過程中，從中學習，發現自己的不足，並且加以改進，使自己更加精進，充實自己的內在。

　　後幾段則敘述大學教育應把握的要點以及教育失敗的原因，其中，寫到：「今之教者，呻其佔畢，多其訊言。及于數盡，而不顧其安，使人不由其誠，教人不盡其材，其施之也悖，其求之也佛。夫然，故隱其學而疾其師，苦其難而不知其益也，雖終其業，其去之必速，教之不刑，其此之由乎！」當我讀到這段時，讓我對現今的教育有了很多的省思，我覺得現今的教師就如同〈學記〉所說的，常常只教導書中的內容，有的時候甚至為了讓學生快速吸收，只讓學生知道解題技巧，而非真正讓學生了解，常常不顧學生學習能力的個別差異，只在乎學生成績表現，因此，有許多學生因為沒辦法真正了解學習的快樂而憎恨老師，甚至放棄學習，這是一件很可惜的事。要如何改變這樣的教育現況，是一件十分值得我們思考的問題，也是未來要成為教育人的我們應負的責任。

　　文章中，不僅提到教育失敗的原因，也提出了教學的方法，我覺得這是值得大家所參考的，讓我了解在學生做出不適當的行為前，教師就要有所預防，這就是我們所謂的：「防患於未然。」也提到要在適當的時機教導學生，這點是現代許多的教師都應該要學習的，教師不應該不斷的灌輸學生知識，還要配合學生的身心發展，達到適性教學，並且要讓學生藉由觀摩他人進行

學習、充實自己。之後，也提到教學失敗的原因，其中，我覺得朋友對於學習扮演著相當重要的角色，如果你擁有很多值得學習的朋友，就能從各個朋友中，學習到各式各樣廣泛的事物，不僅是課本裡的知識內容，還有許多生活上的智慧；而如果結交了不正當的朋友，就有可能被朋友影響，這不單單提醒了我們自己本身要注意周遭的環境，也提醒了教師應隨時注意學生交友情形。這些方法在現代的教育，都是可以應用在教學中，讓我們的教育可以蒸蒸日上。

　　我覺得讀完〈學記〉後，讓我收穫良多，讓我更加了解要成為一位優秀的老師所需要的能力，也提醒我從現在開始就要訓練自己達成這些標準，並且讓我了解到教師的重要性，一位優秀的教師，能夠使學生對於學習更有興趣，讓學生發揮其潛能，我認為這是教師應盡的責任，所有的出發點都應是為學生著想，不應懷抱著自己的私欲，唯有一位秉持良心的教師，才能教導出優秀的學生，成為一位教師，一直是我的夢想，因為〈學記〉，讓我更清楚自己的目標所在，使我更努力朝目標邁進。

範例二：《禮記・學記》所論述的是大學教育，正好是我現階段的狀態，值得我深思熟慮與深入探討它，綜觀而言，學習以認真讀書為首，注重廣博學習，並進一步至於論學，發表自己見解，所學才真正被吸收能夠融會貫通成為自己的學問。子曰：「學而不思則罔，思而不學則怠。」學與思應有適當的結合，非死記硬背，死背雖可敷衍一時，但長久下來學問只是不停地堆積，流失，剩下的只有空白的記憶或者模糊的印象罷了。

　　〈學記〉當中的道理，不只告訴正在學習的我要如何學習，也提供教師教學的方法和教、學時所需要秉持的精神，〈學記〉

也強調,教與學是相互長進,相輔相成的,正如課文中〈兌命〉篇曰:「學學半。」

　　學習是要循序漸進的,第一,補充自己的知識為最基本的學習目標,再來是與群體相處的能力,也就是人際關係的學習應用,還有與老師能保持亦師亦友的關係,學習的主要精神應該是提升自己,不論是知識方面或是結交朋友,都要有自己的信念及判斷力。而學習最崇高的目的,就是要對社會有良好的影響力,有所貢獻才是。不過,想要讓學習更上一層樓,達到讀書的目的及效益,就要提醒自己做到不倦地學習,如此一來積少成多,才能使自己在課業方面更上一層樓。

　　〈學記〉還有提及,學習應該是生活結合的。平時花了許多時間學習,不過學習的時常都是書本上的文字,而沒有實際的感受,這樣很容易使得學習變得枯燥乏味或是為了考試而學習,等到時間一久了,學習過的知識也會漸漸地淡忘,所以說如果平時也可以表現學習的精神,各種事物都多加嘗試,便能觸類旁通,不會變成一個只為考試而吸收知識的人,還能把書本的知識在日常生活中學以致用,這樣才算是名副其實的「大學生」。

範例三:《禮記・經解》:「入其國,其教可知也。其為人也,溫柔敦厚,詩教也;恭儉莊敬,禮教也;廣博易良,樂教也;疏通知達,書教也。」由此可見,學習影響了多方層面,包括人的道德觀、品行及知識層面,人可以藉著學習,以達到教化的效果;曾國藩:「人之氣質,本難變化,唯獨書則可變化氣質。」也是相同道理,想改善一個人的品行,必須先從根本上,也就是心,想使一個人的思想改變,就必須教化,而讀書則能從書頁中汲取大量的知識及良好的價值觀,從文字中感受古人留下的足跡和回

憶，去體驗當時的情境並投射到自己心中，學習前人的經驗和教悔告誡。

子曰：「學而時習之，不亦說乎？」理所當然，複習也是學習中重要的一環，得到太多繁雜的知識而沒有去分類統整，就像聽父母的嘮叨左耳進右耳出一樣，不會吸收到腦內資料庫，更不會影響自身的行為、想法。常言道：「一生之計在於勤。」擁有一個好的開頭和理想是很重要的，但若沒有堅持下去的動力和毅力，將不會達到遠大的目標，沒有汗水的耕耘，則無法結成甜美碩大的果實。

有幸獲得接受教育的機會，應當好好把握，學習不只是表面上成績數字所能呈現的，除了知識層面的學習，品德上的學習也很重要，長輩們的教誨，朋友間的學習，都是應當好好把握珍惜的；一顆種子，沒有了水的灌溉，失去了陽光的照射，喪失了成長的空間，就無法茁壯生長，無法繁枝葉茂，無法通向那湛藍無邊的天際，如人一般，沒有學習的滋養，就無法成為一位具良好道德品行的人。

綜合上述三篇學生的閱讀心得寫作範例，可以了解到學生在研讀《禮記・學記》一文，在觀察思考與創作上，有獨到的見解與深刻的體驗。例如：「學習是要循序漸進的，第一，補充自己的知識為最基本的學習目標，再來是與群體相處的能力，也就是人際關係的學習應用，還有與老師能保持亦師亦友的關係，學習的主要精神應該是提升自己，不論是知識方面或是結交朋友，都要有自己的信念及判斷力。」；「一位優秀的教師，能夠使學生對於學習更有興趣，讓學生發揮其潛能，我認為這是教師應盡的責任。」；「有幸獲得接受教育的機會，應當好好把握，學習不只是表面上成績數字所能呈現的，除了知

識層面的學習，品德上的學習也很重要，長輩們的教誨，朋友間的學習，都是應當好好把握珍惜的。」由上述三段例證，可見青年學子已能體驗到《禮記‧學記》所蘊涵的全人教育理念，可以引導學生認識儒家教育思想的精隨，進而提昇人文素養，以重建校園倫理。

（五）性靈啟蒙的必要

研讀《禮記‧學記》一文，可以了解到古代大學施教的方法是循序漸進的，例如春、秋教導學生《禮》、《樂》；冬、夏以《詩》、《書》教導學生，除了學校所規定的教學科目，學生下課及放假的時候，也都有指定的課外作業。學習要有方法，例如學彈琴、瑟，要從「操、縵」小曲學起；學作詩，要從通曉鳥獸、草木之名及廣博譬喻學起；要動容周旋中禮，就要從灑掃應對諸事學起。在為學方面，要以「日知其所無，月無忘其所能」（《論語‧子張》）念茲在茲的方法，專心致志於課業上，能夠博習親師與廣結益友，學業一定能夠日益精進。茲述《禮記‧學記》教育理念對學生性靈之啟蒙，如下：

1　全人教育的推展

《禮記‧學記》所闡述的教育目標是著重於人格修養，運用人文教育的方法，實現全人發展的理想：教育方法是運用潛移默化，循循善誘的精神感召，達成全人教育的目標。〈學記〉云：「知其心，然後能救其失也。教也者，長善而救其失者也。」[11]教師要了解學生之心理傾向，針對學生才智高低與學習缺失，採用啟發誘導之教學方法，施以適性之教育，才能有所成效。並且闡揚儒家「因材施教」的傳統教育精神，引導學生發揮其優點，見賢思齊，取長補短，以開拓視野

11　〔漢〕鄭玄注、〔唐〕孔穎達等正義：《禮記正義》（臺北：藝文印書館，1998年），卷36，頁653。

增長見聞。讓學生能夠發展自己的潛能與才性，此即為全人教育的真諦。優秀的教育家，能讓人繼承其志業而努力不懈。〈學記〉所闡釋的是一種志的教育，強調老師傳道授業的目標是傳承文化的理想。

2 人文關懷的落實

　　從《禮記·學記》一文所述，可見古代大學教育，從社會禮儀、生活規範，以及詩歌音樂之學習中，給他們倫理道德的涵養，逐漸啟發學生的潛能與人格的成長，把書本的知識應用在日常生活中，以引發學生的學習興趣，讓教育之基本原理與生活相結合，以彰顯知識的力量。〈學記〉中所展現的適性揚才的教育方法，與美國教育家杜威（John Dewey, 1859-1952）博士的教育理念：「生活即教育，教育即生活」有異曲同工之處。《孝經·廣要道》也說：「移風易俗，莫善於樂。安上治民，莫善於禮。」[12]可見孔子教導學生進德修業之方法，即把學校教育和個人修身養性以及生活教化結合為一。教育的進行並不限於正式的課堂，生活的處所，隨處隨地皆是教育施行之所，如此始可達到「藏焉、脩焉、息焉、游焉」（《禮記·學記》）之境界。學校教育必須與社會密切聯繫，輔導學生課外生活，透過道德仁藝教育的薰陶，以培育身心健全的國民。

（六）延伸思考

　　試就「尊師重道」議題，提出你的看法？

案：學生延伸思考範例：

---

12 〔唐〕唐玄宗注、〔宋〕邢昺疏：《孝經正義》（臺北：藝文印書館，1998年），卷6，頁43。

範例一：尊師重道的道理既簡單而且人人皆懂，但僅僅只是懂又有何用？我們的確應該尊敬老師，有一些很簡單能做到的，像是適時地給予反應、回答老師的發問等等，或是最最基本，用分數證明你對師長上課的尊敬。

範例二：我覺得尊重老師是非常重要的，隨著年齡增長，我們會更有自己的主見，但是有時會忘記自己的分寸，而對老師不禮貌，這真的是要時時提醒自己，多多學習別人的好，不要與別人意見不同就頂撞，也不要因為憑著大學生的熱血，不分青紅皂白就隨便反抗。

範例三：「凡學之道，嚴師為難」，現今學校教育最缺乏的是尊師重道，學生如果不尊重老師，老師的地位日漸降低，到後來老師的話學生都當作是耳邊風，那學習一定沒有成效，我認為即便各個老師的教法不是每位學生都喜歡，但學生仍然要尊重老師的教學方式，在課堂上專心聽講，老師也才能更盡心而沒有外擾的完成他的教學。

範例四：學習最重要的關鍵就是態度，有了良好的態度，才會願意傾聽老師說的話，體會箇中的意義。有了正確的態度，才會尊敬老師、親近老師，願意把自己所遇到的困難請求老師的幫忙。有了態度，才能在學習這條道路上走得更遠。真心想做一件是絕對比別人強迫你還要來得更開心。事情才能做得更完美。

範例五：教育從古至今都被視為社會的根本，「君子如欲化民成俗，其必由學乎」。看看現今台灣的教育體制，有很大的問題：不知道如何去激勵孩子，不知道教育的目的與使命，有時候真的

該去感受古人的智慧，因為這一課，我將國小老師強迫我們背的
〈大學〉重新讀讀，思量一番，果真有他的道理：「大學之道，
在明明德，在親民，在止於至善。」經過學習，才知道自己的渺
小，經過學習，才知道自己的不足，要懷著謙虛的心態去看待這
個世界。

綜合上述五段學生的延伸思考範例，可以了解到〈學記〉本身上
承孔子的教育思想，予以深刻化、具體化、系統化，蘊含著具體而多
元的教育論題，堪稱傳統教育思想文獻的瑰寶，是值得珍視、學習的
作品，裡面的觀點值得現代人思考，〈學記〉賦予教師崇高的地位，
還告訴我們一些古代的教育方法和尊師重道的重要性，培養高尚的品
德和良好的生活學習習慣。印度詩哲泰戈爾（Rabindranath Tagore,
1861-1941）說過：「果實的職務是甜美的，花朵的職務是尊貴的，我
願奉綠葉的職務，謙虛的奉獻我一片綠蔭。」教導我們必須伸出援手
並盡我們的能力在社會上奉獻自己。的確研讀〈學記〉讓我們學習到
教與學的好方法，我們應該身體力行，將先聖先賢的智慧典範運用到
實際的教學理念上，而不是空口說白話。

五　結論

全人教育對臺灣當前學校教育的發展有深遠的影響力，而〈學
記〉所闡述的教育理論，也蘊涵著全人教育的功能，可以讓每位學生
的智能，藉由不同的方式和才華表現出來，並且尊重每位學生的潛
能，使專業技能與人文素養能夠相輔相成。在二十一世紀以知識經濟
為導向的時代中，全人教育已成為開發學生多元能力，實現全人發展
的理想目標。全人教育是一種「心」的教育，「心」教育的精神與內

涵，植基在人格的感化與因材施教上，徹底了解學生心性發展，針對其長短與需要，使用適切的不同教材，適時適地加以教導，以塑造學生的健全人格。德國哲學家黑格爾（Georg Wilhelm Friedrich Hegel, 1770-1831）說：「經典是永恆的，因為它會不斷激起讀者心靈中的理念典型。」這的確是中肯的言論。學生經由閱讀經典名言，領悟到生命的成長、智慧的成熟乃至悟境的提昇、生命意義的持續開展，需經過千錘百鍊，並且記取教訓，以忍耐來磨練自己的心性；以經典名言增長自己的智慧，進而開拓自己宏觀的視野。面對多元文化社會的變遷，我們必需提供多樣化的教材，引領學生懂得明辨是非、思考問題，有能力活用知識來解決問題。

英國生物學家達爾文（Charles Robert Darwin, 1809-1882）曾說：「最有價值的知識是關於方法的知識。」的確，在資訊科技文明日新月異的時代，各級學校的教材內容也需要不斷的發展與創新，掌握住良好的教學方法，也就是掌握住開啟新時代智慧的鑰匙。因此，為人師表者不應該忽略任何一個學生的學習權利，面對個別差異的學生，如何因材施教，以培養學生良好的學習態度，這是教師任重道遠也是最艱難的挑戰。我們樂見今後多元智能教育制度的開啟，在教學活動中注入新意，引導學生適應瞬息萬變的社會為學習的主軸，跨學科的整合，開啟學生全方位的能力，智能教育與文化陶冶相結合。使西方的科學精神和中國傳統的人文精神相互交流；讓古典文學與現代文學兩者相輔相成，為國文教育開拓新天地。因此每位為人師表者，就應該體察時代的需要，掌握世界的脈動，作前瞻性的規劃，並且以教育家劉真（1913-2012）的名言：「樹立師道的尊嚴，孔子的樂道精神」[13]自勉，營造溫馨的終身學習環境，以培育具有多元智慧、宏觀視野、蓄積深厚、知書達禮之 e 時代好青年。

---

13 劉真編：《師道‧序》（臺北：教育資料館，1998年），頁2-3。

徵引文獻

一　古籍部分（依《四庫全書》分類法）

〔漢〕鄭玄注、〔唐〕孔穎達等正義：《禮記正義》，臺北：藝文印書
　　　館，1998年。

〔漢〕趙岐注、舊題〔宋〕孫奭疏：《孟子注疏》，臺北：藝文印書
　　　館，1998年。

〔魏〕何晏集解、〔宋〕邢昺疏：《論語注疏》，臺北：藝文印書館，
　　　1998年。

〔唐〕唐玄宗注、〔宋〕邢昺疏：《孝經正義》，臺北：藝文印書館，
　　　1998年。

〔宋〕朱熹：《四書章句集註》，臺北：鵝湖出版社，1998年。

〔清〕孫希旦：《禮記集解》，臺北：蘭臺書局，1971年。

二　現代專著（依作者姓氏筆劃排序）

牟宗三：《道德的理想主義》，臺北：臺灣學生書店，1985年。

吳清山、林天祐著：《教育小辭書》，臺北：五南圖書出版公司，2003
　　　年。

David Lazear 著，郭俊賢、陳淑惠譯：《落實多元智慧教學評量》，臺
　　　北：遠流出版事業公司，2000年。

梁啟超著、張品興主編：《梁啟超全集》，北京：北京出版社，1999
　　　年。

三　期刊論文（依作者姓氏筆劃排序）

古明峰：〈「學記」中的教學思想〉，《國教世紀》178（1997年12月）。

林淑瓊：〈淺談全人教育〉，《海軍軍官》第22卷第1期（2003年2月）。

洪雲庭：〈中國教育經典——禮記學記篇的現代教育意義〉，《高市鐸
　　　　聲》7-1（1996年10月）。

高莉芬：〈禮記學記篇所中所見之儒家教育思想〉，《孔孟月刊》29-5
　　　　（1991年1月）。

陳能治譯：〈公民2000年教育宣言——從全人教育觀點〉（Education
　　　　2000 Aholistic Perspective）。

陳能治：〈全人教育概念在歷史教學中的實踐——以史前史教學為
　　　　例〉，《歷史教育》第18期（2011年6月）。

黃俊傑：〈二十一世紀全球化時代的大學理念與大學教育：問題與對
　　　　策〉，《通識教育》9（2002年6月）。

潘正德、魏主榮：〈全人教育的意涵與研究變項分析〉，義守大學通識
　　　　教育中心《人文與社會》學報第1卷第9期（2006年12月）。

美國微軟公司總裁比爾蓋茲在美國國會召開的一次『科技高峰』座談
　　　　會中的講稿，Washington Post, Jane 7 2000。The Intern-
　　　　ational Commission on Education for the Twenty-first Century.
　　　　(1996). Learning: The Treasure Within. France: UNESCO.

Edward T. Clark, "Guidelines for Designing a Holistic School," Carol L.
　　　　Flake (Ed.), Holistic Education: Principles, Perspectives and
　　　　Practice, pp.121-131.

Ramon Gallegos Nava, Holistic Education: Pedagogy of Universal Love,
　　　　pp.117-120.

Ron Miller, (Ed.), The Renewal of Meaning in Education, pp.361-371. 23

Edward T. Clark, "Guidelines for Designing a Holistic School,"
Carol L. Flake (Ed.), Holistic Education: Principles, Perspectives
and Practice, pp.121-131.

閱讀理解策略融入經典教學的運用
——以《孟子》教學為例[*]

一 前言

在知識經濟蓬勃發展的時代中，知識已成為運籌帷幄決勝千里的關鍵。多元化的教育思潮，不斷衝擊著臺灣的未來，因此終身學習已成為前瞻未來的指標。世界管理大師彼得・杜拉克（Peter Drucker, 1909-2005）曾經指出：「人類的歷史上，再也沒有比此時更重視知識的價值了。」的確，在科技文明日新月異的時代裡，要提昇國民的素質，就要落實終身學習的教育目標，全面推展學習型組織，培養能夠終身學習的國民，並積極推動全民閱讀運動，以提升知識競爭力。

早在二〇〇八年時，我國教育部就展開閱讀理解教學策略開發與推廣計畫，廣邀大學教授與中、小學對於實務推廣，以國內、外機構或學者的研究證據為基礎，例如：柯華葳等（2010）引用 Block、Parris、Read、Whiteley 與 Cleveland（2009）的研究結果，認為單純閱讀時間增加是不足的，支持閱讀理解策略教學對於提升學生理解才具有助益性。本研究設計是透過「閱讀與寫作」課程來進行，教學目的是引導學生閱讀《孟子》，並學會搜尋網路資訊、分析整理、及小組的辯論修正中，提升學生對閱讀主題的了解，並且吸取書中的精華加以融會貫通，進而表達在寫作及應對進退上。

---

[*] 本論文發表於第八屆世界華語學校圖書館論壇。

二　閱讀策略教學的意義

McCardle、Chhabra 與 Kapinus（2008）表示，當一個閱讀策略效果量偏低時，並不代表這個策略是無效的，而是指出有更多相關研究需要被開發，以探討在各種複雜教學情境與不同樣態的學生下，這個策略如何能發揮其功效，進而說服實務教學者，相信此一策略是值得投入以改進教學。

美國 RAND（Research and Development）機構委託國家閱讀諮詢委員會（National Reading Panel, NRP）研究表示，閱讀理解策略（reading comprehension strategies）是一種閱讀者透過其意向思考（intentional thinking），主動參與、涉入文本以建構其意義的歷程，是有別於單純（或消極）為瞭解文本所述內容的活動（Snow, 2002），而此觀點正反映出研究者對於閱讀理解一詞詮釋的演變，愈來愈著重如何能增進學生主動利用其背景知識以建構文本心像表徵（mental representation），進而理解、記憶與使用所讀內容（Coté & Goldman, 1999），因此，如何能有效教導學生閱讀策略，以提升學生閱讀能力則成為一重要課題。

三　閱讀理解策略在經典閱讀教學上的運用

本研究是透過「閱讀與寫作」（Reading and Writing）課程教學來進行，其選課學生為大一學生，課程的教學目的是引導學生透過深入的閱讀與分析，培養批判性思考（critical thinking）的能力，能從學習中培養學生的人文素養及提升學生寫作能力。依據 NICHD（2000）歸納出及多元閱讀策略的主要策略：提問、文本結構、推論、閱讀心得寫作等，茲表列如下：

（一）提問教學

閱讀理解策略教學方面，「提問」教學先以教師提問六何法的問題，引導學生找出人（Who）、事（What）、時（When）、地（Where）、為何（Why）及如何（How）的問題。

表一　提問教學架構

提問教學	教師	學生
人	認識孟子	名軻，字子輿。戰國時期魯國人。
事	孟母三遷	昔孟母，擇鄰處。子不學，斷機杼
時	孟子生長的時代背景	東周戰國時期「百家爭鳴」的輝煌時代
地	孟子的出生地	鄒國（今山東省鄒城市）
為何	孟子三歲喪父	母親仉氏一手撫養長大
如何	孟母教養方式	「孟母三遷」、「斷杼教子」

資料來源：《三字經》

案：孟子的祖先就從魯國遷居到鄒國（今山東省鄒城市），於是孟子自此成了鄒國人。孟子三歲喪父，孟母艱辛地將他撫養成人，孟母管教甚嚴，「孟母三遷」、「斷杼教子」等故事，成為後世母教之典範。後人以「孟母擇鄰」比喻環境能影響一個人的成長教育。孟子繼承並發揚孔子的思想，成為僅次於孔子的一代儒家宗師，有「亞聖」之尊稱。

（二）推論教學

Graesser 等人（1994）提出前因、後果的推論，指推論事件發生之原因與預期文章後續內容的發展，亦即讀者藉由推論前因後果之關係，產生文章局部或整體的連貫性。

表二 推論教學架構

推論教學	為何	如何
找出證據	《孟子》一書，作者為何人	公孫丑、萬章等人筆記及再傳弟子輯成《孟子》一書。
重述故事重點	《孟子》一書的價值	1. 孟子的性善說及道統思想對中國的道德文化影響甚大。 2. 主張「崇王抑霸」及「民貴君輕」之說，開啟我國政治思想光輝一頁。 3. 孟子議論宏偉，擅用譬喻，對後代文學、史學均有深遠影響力。

資料來源：《孟子》

案：《孟子》一書共七篇，分別為〈梁惠王〉、〈公孫丑〉、〈滕文公〉、〈離婁〉、〈萬章〉、〈告子〉、〈盡心〉，篇名取自各章開頭的幾個字，沒有特別的含意。全書共二百六十一章，其中有九十三章共用了一百五十九個比喻，用生動形象的比喻來進行說理與論辯，讓文字內容增加了形象性，富有情趣，引人入勝；而且簡潔明確，更具有說服力，啟發學生閱讀的興味。

（三）文本結構教學

　　許淑玫（2003）也指出，認知心理學的訊息處理模式強調閱讀活動歷程中，讀者將帶進先前的經驗，即知識基模（schema）重新詮釋文章內容。

表三　文本結構教學架構

單元名稱	《孟子》學說思想
文本結構	層次一、人性善說：仁義禮智 層次二、修養思想：存心養性 層次三、教育思想：五倫教育 層次四、政治思想：民本思想

案：孟子的性善說，反映了春秋以來，尤其在戰國時期對人的價值的
　　肯定，承認人都具有良知和善端。孟子深知教育之重要，認為學
　　者的程度與資質不一，所以主張適應個性，因材施教。為政者治
　　理國家，要把人民放在第一位，國家其次，君王在最後。

（四）閱讀心得寫作教學

　　Goodman（1996）指出，閱讀是書寫的接收層面，寫作則是書寫
的表達層面，兩者互為因果，亦即閱讀可以促進寫作，寫作也可以引
發閱讀。

表四　學生分組活動報告

週次	分組	主題	內容
四	第一組	孟子的抱負	1. 我善養吾浩然之氣 2. 予豈好辯哉 3. 以天下為己任
五	第二組	孟子的學說思想	1. 提倡性善論 2. 主張民本思想 3. 主張王道仁政
六	第三組	與《孟子》有關成語的應用	1. 茅塞頓開；2. 專心致志 3. 自怨自艾；4. 匹夫之勇

週次	分組	主題	內容
			5.解民倒懸；6.緣木求魚 7.出爾反爾；8.心悅誠服 9.出類拔萃；10.一曝十寒
七	第四組	《孟子》的教育思想	1. 因材施教 2. 注重啟發 3. 專精有恆 4. 注重教育環境

案：透過經典閱讀教學，由老師作為思考的啟蒙者，帶領學生進入
《孟子》一書的經典話語中，在古聖賢哲的智慧結晶與經典話語
中，開拓學生的新視野，陶冶其閱讀品味，培養學生終身學習的
能力，我們隨著孟子的足跡，踏上這趟文化之旅，讓我們不僅見
到中國文化「宗廟之美，百官之富」的堂奧，咀嚼著儒家文化秀
麗的華實，不禁使我們感懷不已。

表五　閱讀心得寫作舉隅

從《孟子》中選讀讓你終身受用的一句話的啟示

一、孟子曰：「梓匠輪輿，能與人規矩，不能使人巧。」（《孟子·
盡心下》）

　　老師上課教的東西很廣泛，上知天文，下知地理，更深入探討
論理，老師仿若梓匠、輪輿，教導學徒如何規矩守則，卻不會改變
人的根本——心。有人被逼著讀書，上了大學，接觸了太過開放的
環境，沒人管教，而後沉淪；有人從小志向明確，向著興趣一步步
地前進，培養專業能力，最後出類拔萃。學習是好的，但要自動自

發，深思自得，腦袋是活的，思索志向，勇於挑戰，最後的成敗掌握在自己手裡，學習的道理可以言傳，但要得其精隨，貴在心悟，所謂「師父領進門，修行在個人」的道理即是如此。

二、孟子曰：「生，亦我所欲也；義，亦我所欲也，二者不可得兼，舍生而取義者也」。(《孟子·告子》)

　　孟子以「魚與熊掌」做比喻，說明很多時候人們必須做出取捨，同時他認為在面對自己所堅信的價值時，為了保衛自己心中的正義，就算是犧牲生命也是在所不惜的。雖然不少現代人認為儒教是箝制人們思想及統治者為了鞏固自身利益的工具，但其中還是有許多值得我們去奉行終身的準則，其中「捨生取義」這句話，就是我希望自己能恪守而能一輩子不違背的信仰。「生命誠可貴，愛情價更高，若為自由故，兩者皆可拋」，這是匈牙利詩人裴多菲·山多爾在面對自己生命與個人價值之間所做出的抉擇。我想，人的一生只有一次，所以我們都會有自己的顧慮。但人的價值雖然難以衡量，我們仍應該堅守自己所相信的價值，我們該想想，今天自己能過安穩的生活，一定程度上也是建立在別人的犧牲上，不管是認識或不認識的人。若只是為了自己著想，這個社會就不會進步。

案：「聽、讀」是語言文字的輸入，「說、寫、作」是語言文字的輸出。(方麗娜，2003) 除了觀察學生在課堂的「說、作」以外，從學生習寫閱讀文章後的心得感想，亦能評量學生的閱讀學習情形。

（五）延伸閱讀與思考

孟子學說所蘊涵人文觀照與省思：

一、關注人倫教育：

人之有道也，飽食暖衣，逸居而無教，則近於禽獸。聖人有憂之，使契為司徒，教以人倫：父子有親，君臣有義，夫婦有別，長幼有序，朋友有信。（《孟子・滕文公》）

二、宣導仁政思想：

君仁，莫不仁；君義，莫不義；君正，莫不正。一正君而國定矣。（《孟子・離婁上》）

三、彰顯民本思想：

民為貴，社稷次之，君為輕。（《孟子・公孫丑上》）

四、強調自我學習：

愛人不親，反其仁；治人不治，反其智；禮人不答，反其敬——行有不得者皆反求諸己。（《孟子・離婁上》）

四　結語

根據二〇〇六年的促進國際閱讀素養研究（Progress in International Reading Literacy Study，簡稱 PIRLS）的定義，S 讀者必須具備下列的閱讀素養（reading literacy）：素養一：能夠理解並運用書寫語言的能力；素養二：能夠從各式各樣的文章中建構出意義；素養三：能從

閱讀中學習；素養四：參與學校及生活中閱讀社群的活動；素養五：能夠由閱讀獲得樂趣。可見閱讀素養從基礎的運用書寫能力開始，進而閱讀學習到最高境界樂在閱讀，是循序漸進的。本單元的教學活動將師生共讀討論、分享心得感想列為重要的閱讀課程，包括寫心得感想、學生分組討論時的口語表達，著重於學生對於文本的理解與觀點。在閱讀教學活動後，學生是否確實學習閱讀理解策略，並能靈活運用。而且能培養學生廣泛閱讀、討論、分享的習慣，日積月累，必能培養出言之有據、條理分明、又具多元觀點的成熟讀者。

在科技文明一日千里的時代裡，多元的閱讀不但可以增長見聞，更可以拓展宏觀的視野。美國教育家克柏萊（E. P. Cubberley. 1868-1941）強調：「優良的教學貴在能培養學生良好的讀書習慣，以及獨立思考的能力。」閱讀書籍、探索知識，乃是激發自己潛能及創造思考的原動力。閱讀的習慣在年輕時就要養成，寫作的種子，也應在年輕時代就埋下。德國哲學家黑格爾（Georg Wilhelm Friedrich Hegel, 1770-1831）說：「經典是永恆的，因為它會不斷激起讀者心靈中的理念典型。」這的確是中肯的言論。二千多年之後的今日，我們重新閱讀《孟子》，這部書就像許多中國文化的經典著作一樣，是一部偉大心靈的對話記錄，全書生動有趣的對話、發人深省的題材、以及深刻感人的意境，可以開拓學生的新視野，陶冶其閱讀品味，這也是閱讀理解策略重要的教學目標。

徵引文獻

一　中文文獻

〔南宋〕朱熹：《四書章句集註》，臺北：鵝湖出版社，1998年。

〔南宋〕王應麟：《三字經》，臺北：華一書版，1984年。

方麗娜：〈交際法在對外華語文教學上的運用研究──以初級綜合課為討論範疇〉，高雄師範大學《高雄師大學報》第15期（2003年）。

柯華葳：《教出閱讀力》，臺北：天下雜誌公司，2006年。

柯華葳：《培養SUPER小讀者》，臺北：天下雜誌公司，2009年。

Ken Goodman著、洪月女譯：《談閱讀》，臺北：心理出版社，1998年。（原著出版年：1996）

許淑玫：〈談閱讀理解的基模理論〉，《國教輔導》42(5)（2003年4月）。

二　英文文獻

Block, C. C., Parris, S. R., Read, K. L., Whiteley, C. S., & Cleveland, M. D. (2009). Instructional approaches that significantly increase reading comprehension. Journal of Educational Psychology, 101(2), 262-281. doi:10.1037/a0014319

Coté, N., & Goldman, S. R. (1999). Building representations of informational text: Evidence from children's think-aloud protocols. In H. van Oostendorp & S. R. Goldman (Eds.), The construction of mental representations during reading (pp. 169-193). Mahwah, NJ: Lawrence Erlbaum Associates.

Graesser, A. C., Singer, M., & Trabasso, T. (1994). Constructing inference during narrativetext comprehension Psychological Review, 3,371-395.

Hare, V. C., & Borchardt, K. M. (1984). Direct instruction of summarization skills. Reading Research Quarterly, 20(1), 62-78. doi:10. 2307/747652

Marksberry, M. L. (1979). Student questioning: An instructional strategy.

Educational Horizons, 57(4), 190-195.

Mayer, R. E. (1996). Learning strategies for making sense out of expository text: The SOI model for guiding three cognitive processes in knowledge construction. Educational Psychology Review, 8(4), 357-371. doi:10.1007/BF01463939

McCardle, P. D., Chhabra, V., & Kapinus, B. A. (2008). Reading research in action: A teacher's guide for student success. Baltimore, MD: Paul H. Brookes.

National Reading Panel [NRP] (2000). Teaching children to read: An evidence-based assessment of the scientific research literature on reading and its implication for reading instruction. Retrieved from https://www.nichd.nih.gov/publications/pubs/ nrp/documents/ report.pdf

NICHD (2000) Report of the National Reading Panel: Teaching Children to Read NRP (2000). Report of the National Reading Panel "Teaching Children to Read". Summary report. National Reading Panel. http://www.nationalreadingpanel.org/publications/ nrpvideo.htm

Snow, C. (2002). Reading for understanding: Toward an R&D program in reading comprehension. Santa Monica, CA: RAND.

三　網路資料

孟子維基百科 https://zh.wikipedia.org/wiki/%E5%AD%9F%E5%AD%90

《孟子》中國哲學書電子化計劃 https://ctext.org/mengzi/zh

《三字經》中國哲學書電子化計劃 https://ctext.org/three-character-classic/zh

柯華葳（2008）。閱讀策略教學說明。取自 http://140.115.107.17:8080/RST/data/user/admin/files/200811140856 210.pdf。

閱讀素養融入國語文教學試探
——以《禮記·學記》為例*

一　前言

　　在二十一世紀知識經濟蓬勃發展的時代中，知識已成為運籌帷幄決勝千里的關鍵。閱讀書籍、探索知識，乃是激發自己潛能及創造思考的原動力。世界管理大師彼得·杜拉克（Peter Drucker, 1909-2005）曾經指出：「人類的歷史上，再也沒有比此時更重視知識的價值了。」的確，要迎向二十一世紀的國際競爭，就要落實終身學習的教育目標，全面推展學習型組織，培養能夠終身學習的國民，並積極推動全民閱讀運動，以提昇人文素養與知識競爭力。臺灣在二〇一〇年召開之第八次全國教育會議中，已將「閱讀素養」之強化納入「終身學習與學習社會」議題，鼓勵擴展閱讀之相關策略，俾培養終身學習能力，進而建立學習型社會（教育部，2010a）。

　　「閱讀素養」所涵蓋的評量層面，包括不同文本、閱讀面向、文本情境等面向。因此，可以看出閱讀文本的形式並不侷限在書本閱讀；「閱讀素養」的歷程是「擷取與檢索（Access and Retrieve）」、「統整與解釋（Integrate and Interpret）」、到「省思與評鑑」（Reflect and Evaluate）」的認知能力，不再將閱讀只狹義地限制在認字、理解層面，而是進一步考量讀者是否能透過閱讀與文本進行互動，並連結

---

* 本文線上發表於二〇二一年香港主辦第九屆世界華語學校圖書館論壇。

個人經驗，進而引發其針對該議題有所反省與思考，促發學生能夠具備知能而進行社會參與及關懷行動。（陳木金、許瑋珊，2012）西哲蘇格拉底（Socrates, 西元前470年-西元前399年）說：「我唯一知道的一件事就是：我一無所知。」面對大千世界浩瀚的知識，擁有「問題意識」是很重要的，探究知識就是開啟世界之窗的鑰匙，「閱讀素養」就是發現問題，解決問題的不二法門。

二　閱讀素養的義涵

國際閱讀協會（International Reading Association, IRA）是一個世界性的專業組織，成立於一九五六年，宗旨在改善全球閱讀教學、增進閱讀研究的交流，並鼓勵終身閱讀習慣的養成。於二〇一五年年會上通過改名為 International Literacy Association（ILA）。為什麼？依據 ILA 網頁，素養是「使用各種視聽和數位媒材，跨領域、範疇，辨認、認識、解釋、創造、計算和溝通的能力」。換句話說，ILA 更清楚說明閱讀的歷程與目的及閱讀跨領域的普遍性與讀寫的一體，通稱素養。（柯華葳，2016）從國際組織對閱讀素養的定義來看，UNESCO（2005）指出：「閱讀素養包括認同、瞭解、創造、溝通及使用印刷和書寫的資料，透過閱讀以促使個人實現自我目標、發展知識與潛能，並參與社會。」

在 PISA 2009報告中指出，閱讀素養強調學生必須能夠透過閱讀而學習，而非學習如何閱讀。同時，在閱讀素養的評量中並非僅專注在學生的基本閱讀技巧之上（OECD, 2009）OECD 將核心素養視為通則素養（generic competence），是「非特定學科的、跨界的素養」，例如問題解決、溝通、批判思考、創造力、團隊合作、公民行動等。這樣的素養觀點，通常傾向鼓勵跨科統整教學。由此可見「閱讀素

養」一詞並非狹義地侷限在認字、文章理解等面向，而是更進一步地說明閱讀素養的核心在思考，強調個人與文本間的互動與省思，藉以實現個人目標、拓展知識與實踐社會參與。

三　閱讀素養教育融入《禮記‧學記》教學示例

　　依據專家學者的研究，不論中小學、大學都要重視閱讀素養的培育。素養是由認知、情意、行動統整而成，可限於特定領域，也可以跨領域；通常是在一個單元或一個主題中培養，作為教學的中程目標，透過學習活動的串連，讓學生的素養逐漸形成。（吳璧純、詹志禹，2018）本研究是透過「大一國文」課程教學來進行，其選課學生為大一學生，引導學生透過深入的閱讀與分析，兼顧認知與情意、人文與科技的通識學習內容，能從學習中培養學生的閱讀素養、批判性思考（critical thinking）能力，進而提升學生的寫作能力。

　　教學的進行係強調個人閱讀心得寫作與小組研究報告分享，以達到學生對該經典的閱讀能夠充分和周延。經由老師的引導，在課程設計與學習內容上，學會如何搜尋網路資訊「擷取與檢索」教材中的相關訊息；「統整與解釋」文本中各訊息以理解其主要概念，解釋文本中未提及的內容；透過個人的知識與經驗進行「省思與評鑑」，並能進行見解的溝通和交流，提出個人的標準進行判斷，以提升對主題的了解及思考能力。（陳木金、許瑋珊，2012）本文希望藉由「閱讀素養」的理念融入《禮記‧學記》的經典閱讀教學，以引導學生認識儒家教育思想的精髓，進而提昇人文素養。茲將閱讀素養的歷程融入《禮記‧學記》設計的教案，如下：

（一）擷取與檢索

1. 學生能透過影片的介紹，進入《禮記》的領域，啟發其閱讀興味。
2. 學生能利用簡報製作，訓練蒐整資料與善用電腦的能力。
3. 學生能利用分組討論，培養口語表達與思辨的能力。
4. 學生能藉由課文的解析，體驗生活的情境與性靈的啟蒙。
   選用與教育有關的電影片段與史實：孔子
   https://kknews.cc/entertainment/xnvpz8q.html

案：生命的組曲，由一連串小故事積累而成；人生的長河，是由生活點滴匯聚而成。有些人能夠忠於自己的本分，並且能夠推己及人，俯仰無愧的立足於世，成為人人稱道的聖賢。學生從欣賞介紹孔子（西元前551年-西元前479年）的電影片段與史實中，以激發學習的動機與興趣。

（二）統整與解釋

1. 了解《禮記》一書的內容與特色。
2. 了解《禮記‧學記》闡述教學之功效為何。
3. 了解我國古代大學教育的內容與施教原則為何。
4. 了解師生之間教學、問學與尊師重道的方法為何。

案：《禮記》是孔子門下弟子，聽孔子傳授有關禮的學問，因而筆記成書，或者由更晚的孔門弟子，把這些有關禮的學問蒐集起來的文獻。《禮記》本為一百三十一篇，漢朝的戴德刪取八十五篇，是為《大戴禮記》；戴聖刪取四十九篇，是為今本《小戴禮記》。《禮記》全書的內容苞蘊宏富，有些篇章是詮釋人生哲理、有的

是談論政治制度、有記載禮樂器物、或詳述生活儀節，是我國古代人民生活大全的禮學叢書。

《禮記・學記》是中國第一部教育理論專著，主要記載有關先秦時期儒家教育制度、教育目的、教學內容、教育方法等一系列教育理論。全篇不僅從教師的角度，闡述先秦時期儒家教育制度、教育目的和教學內容，並且從學生的角度，探討學習心理、學習原則、學習方法等教育理論，是弘揚我國古代儒家教育思想的重要文獻，至今仍有其重要的教育價值。其論述主要是探討古代大學裡「如何教？如何學？」的議題，與《禮記》另一篇〈大學〉專論「教什麼？學什麼？」的內容，有著互為表裡的關係，可比並閱讀，是研究儒家教育思想的珍貴資料。

（三）省思與評鑑

學生在學習過程中，建立學習社群（learning community）以發揮群組合作學習及知識共享的任務，可以增進學生運用知識及啟發獨立思考的能力，人人能夠與同儕相處學習，互助合作，進而使知識的獲取、累積、加值、創新與運用能夠有效的發揮。

1 分組活動報告

週次	分組	主題	內容
四	第一組	古代大學教育施教之七項原則	皮弁祭菜，示敬道也。 宵雅肄三，官其始也。 入學鼓篋，孫其業也。 夏楚二物，收其威也。 未卜禘，不視學，游其志也。 時觀而弗語，存其心也。 幼者聽而弗問，學不躐等也。

週次	分組	主題	內容
五	第二組	與學習相關的成語	1.懸梁刺股；2.鑿壁偷光 3.囊螢映雪；4.映月讀書 5.焚膏繼晷；6.牛角掛書 7.手不釋卷；8.韋編三絕 9.目不窺園；10.口舌成瘡、手肘生胝
六	第三組	《禮記·學記》闡述的重要教育理念	1.擇師與尊師的重要 2.重視學生的個別差異 3.重視學生的學習心理
七	第四組	《禮記·學記》教育理念對現代教育之啟示	1.人文關懷的落實 2.公民教育的提昇 3.全人教育的推展

案：〈學記〉說：「獨學而無友，則孤陋而寡聞。」可見學生在學習過程中，同儕的切磋可以互相觀摩學習。《禮記·學記》全文詳述老師的教學方法與引導學生進德修業的準則、說明學生問學的方式與態度，是儒家教育思想的寶典，至今仍有其教育的價值，值得後人學習與借鑑。教師應從多元的評量方式，來探究學生學習效果與教導學生解決問題的能力，進而提升學生的學習興趣。分組活動報告可以發揮學生的潛力，從上網搜尋相關資料、翻閱紙本書籍研究教材內容、與同學討論報告主題等等，不但可以讓學生集思廣益，增廣見聞，開闊視野，更可以增進與同學間的情誼。學生合作完成分組簡報，每位同學的上臺報告，也能訓練同學的思辨能力與口語表達能力。

2　延伸思考

試就「尊師重道」議題，提出你的看法？

案：學生延伸思考範例：

範例一：我覺得尊重老師是非常重要的，隨著年齡增長，我們會更有自己的主見，但是有時會忘記自己的分寸，而對老師不禮貌，這真的是要時時提醒自己，多多學習別人的好，不要與別人意見不同就頂撞，也不要因為憑著大學生的熱血，不分青紅皂白就隨便抵抗。

範例一：「凡學之道，嚴師為難」，現今教育所最缺乏的是尊師重道，學生如果不尊重老師，老師的地位日漸降低，到後來老師的話學生都當作是耳邊風，那學習一定沒有成效，我認為即便各個老師的教法不是每位學生都喜歡，但學生仍然要尊重老師的教學方式，在課堂上專心聽講，老師也才能更認真而沒有外擾的完成他的教學。

範例三：學習最重要的關鍵就是態度，有了良好的態度，才會願意傾聽老師所說的話，體會箇中的意義。有了正確的態度，才會尊敬老師、親近老師，認真學習老師所傳授的知識。有了良好的態度，才能在學習這條道路上走得更長遠。真心想做一件事，絕對比別人強迫你還要來得更開心，事情才能做得更完美。

綜合上述三段臺北市立大學大一學生的看法，可以了解到〈學記〉本身上承孔子的教育思想，蘊含著深刻具體而多元的教育論題，

堪稱傳統教育思想文獻的瑰寶，是值得珍視與學習的作品，文中的教育觀點值得現代人思考，〈學記〉賦予教師崇高的地位，還告訴我們一些古代的教育方法和尊師重道的重要性，可以培養學生高尚的品德和良好的學習態度。印度詩哲泰戈爾（Rabindranath Tagore, 1861-1941）說：「果實的職務是甜美的，花朵的職務是尊貴的，我願奉綠葉的職務，謙虛的奉獻我一片綠蔭。」教導我們必須在社會上奉獻自己的能力幫助別人。研讀〈學記〉讓我們學習到教與學的好方法，我們應該身體力行，將先聖先賢的智慧典範運用到實際的教學理念上，而不是紙上談兵而已。

四　結論

英國教育部長布朗奇（David Blunkett）說：「每當我們翻開書頁，等於開啟了一扇通往世界的窗，閱讀是各種學習的基石。在我們所做的事情中，最能解放我們心靈的，莫過於學習閱讀。」正說明了閱讀是心與心的交流，是保持生活躍動，永不寂寞的妙方。學生經由閱讀經典名言，領悟到生命的成長、智慧的成熟乃至悟境的提昇、生命意義的持續開展，需經過千錘百鍊，並且記取教訓，以忍耐來磨練自己的心性；以經典名言增長自己的智慧，進而開拓自己宏觀的視野。面對多元文化社會的變遷，我們必需提供多樣化的教材，引領學生懂得明辨是非、思考問題，有能力活用知識來解決問題。

英國生物學家達爾文（Charles Robert Darwin, 1809-1882）曾說：「最有價值的知識是關於方法的知識。」的確，在資訊科技文明日新月異的時代，各級學校的教材內容也需要不斷的發展與創新，掌握住良好的教學方法，也就是掌握住開啟新時代智慧的鑰匙。我們樂見今後多元智能教育制度的開啟，在教學活動中注入新意，引導學生適應

瞬息萬變的社會為學習的主軸，跨學科的整合，開啟學生全方位的能力，智能教育與文化陶冶相結合，進而提升學生的閱讀素養，讓古典文學與現代文學兩者相輔相成，為國文教育開拓新天地。

徵引文獻

〔漢〕鄭玄注、唐・孔穎達正義：《禮記正義》，臺北：藝文印書館，1998年。

〔清〕孫希旦：《禮記集解》，臺北：蘭臺書局，1971年。

佐藤學：《學習的革命——從教室出發的改變》，臺北市：天下雜誌，2012年。

柯華葳：〈回應教育學門熱門與前瞻議題調查報告〉，《人文與社會科學簡訊》第18卷第3期創刊20週年紀念特刊（2016年）。

教育部：第八次全國教育會議：十大中心議題（拾）終身學習與學習社會，臺北市：作者，2010a。

陳木金、許瑋珊：〈從 PISA 閱讀評量的國際比較探討閱讀素養教育的方向〉，《教師天地》第181期（2012年12月）。

吳璧純、詹志禹：〈從能力本位到素養導向教育的演進、發展及反思〉，《教育研究與發展期刊》第14卷第2期（2018年6月）。

OECD. PISA 2009 assessment framework: key competencies in reading, mathematics and science. Paris: Author, 2009. UNESCO. Aspect of literacy assessment: Topics and issues form the UNESCO expert meeting. Paris: Author, 2005.

生命教育融入詩詞閱讀教學探析

──以蔣捷〈虞美人〉為例*

一　前言

　　在二十一世紀知識經濟發達的時代，每個人除了具備專業智能、專業證照外，更重要的就是要有良好的道德情操和生命智慧的素養。而其中的生命智慧更是推動生命教育的原動力。生命教育的內涵則包含了「人生觀的深化」、「價值觀的內化」、「知情意行的人格統整與靈性發展」等三個向度，亦即終極關懷與實踐、倫理思考與反省、人格統整與靈性發展三大課題領域。[1]美國發明家愛迪生（Thomas Alva Edison, 1847-1931）說：「生命如同大自然百科一樣，需要自己用心去挖掘、去體會，才能找到屬於自己的寶藏。」的確，在人生之旅中，生命的意義要在生活中去實踐力行，每個人觀照到自己的角色定位，才能讓生命茁壯成長。

　　在社會結構瞬息萬變的時代裡，盱衡我國的教育制度，脫離不了升學主義的窠臼。學生面對功課與升學的壓力、交友的問題、家庭的暴力……等問題，使得快樂指數直線下降，挫折感也隨之增高。在抗壓性差與情緒失控下，萬念俱灰，因此青年學子自殺的現象，已成為臺灣十大死亡原因之一。加上 E 世代的年輕人，常常以「只要我喜歡有甚麼不可以」的人生哲學來待人處世，無視於父母的苦口婆心，視

---

* 本本文刊載於二○二一年九月一日《國文天地》實用中文寫作系列。
1　參見普通高級中學選修科目：〈「生命教育」課程綱要〉，2008年。

師長的諄諄告誡猶如過耳飄風。在生活上稍有不順遂就心生瞋怨，甚且尋仇挑釁，因此青年學子結夥滋事件層出不窮。為人師表者，對沉痾已久的教育問題，豈能視而不見、習而不察呢？因此如何將生命教育融入教學過程中，這是每位教師所應擔負的重責大任。

二　生命教育的重要性

教育是百年樹人的興國大計，生命教育探索生命的課題，包括人生目的與意義的探尋、美好價值的思辨與追求、自我的認識與提升、靈性的覺察與人格的統整，藉此引領學生在生命實踐上知行合一，追求幸福人生與至善境界，其實施乃全人教育理念得以落實之關鍵；生命教育的學習主題涵蓋了哲學思考、人學探索、終極關懷、價值思辨與靈性修養等五大範疇，其實質內涵則以「人生三問」為核心，其中「人為何而活？」乃是對於人生終極關懷問題的思考，「人應如何生活？」則反映對於價值思辨的不斷淬煉，「如何能夠活出應活的生命？」是知行合一的問題，而知行合一則是靈性修養的目標。[2]

大學生命教育之最佳切入點大概是愈來愈受到各校重視的通識教育課程，中華民國通識教育學會在二〇〇八年十一月出刊的《通識在線》中清楚指出，大學的專業教育與學生的生命成長正逐漸脫節中，身處全球各地文化劇烈碰撞、價值理念互相衝突的社會文化環境之中，大學生迫切需要安頓生命的意義與價值。而這正是通識教育的主要目的，也是生命教育的目標。因此，如何建構以生命教育為核心課程之通識教育，可以說是在大學推行生命教育的當務之急。[3]因此利

2　參見國家教育研究院：〈十二年國民基本教育課程綱要生活課程〉，2019年。

3　參見孫效智：〈臺灣生命教育的挑戰與願景〉，《課程與教學季刊》第3期（2009年12月），頁20。

用通識課程，借古今中外名人生命歷程的傳記，引領學生建立正確的人生觀，以開創人生的光明面，這也是推動生命教育的圭臬。

三　生命教育融入詩詞閱讀教學——以蔣捷〈虞美人〉為例

　　中華民族五千年的悠久歷史，源遠流長，載浮著古聖先賢的智慧結晶，孕育了璀璨的詩篇，優美動人的韻律，更憑添中華文化綠意盎然的色彩。孔子說：「溫柔敦厚，詩教也。」[4]所以在詩詞的教學上，鑑賞與分析，不但可以陶冶學生的性靈，並且可以使學生在潛移默化中，培養高雅的情操及發思古的幽情。茲就蔣捷（1245-1301）〈虞美人〉所描述一生意象的軌跡，來設計生命教育的教案，如下：

（一）課程目標

1. 學生藉由品讀〈虞美人〉詞，進而體悟作者生命歷程三個階段不同的感受，引領學生建立正確的人生觀，以開創人生的光明面。
2. 學生能體會「悲歡離合總無情」的無奈與悲痛，學會珍惜生命中的每一天，積極進取奮發向上。

原文　蔣捷〈虞美人〉

少年聽雨歌樓上，紅燭昏羅帳。壯年聽雨客舟中，江闊雲低，斷雁叫西風。

而今聽雨僧廬下，鬢已星星也。悲歡離合總無情，一任階前點滴到天明。

4　引自〔漢〕鄭玄注、〔唐〕孔穎達等正義：《禮記正義・經解》（臺北：藝文印書館，1998年），卷50，頁845。

案：本詞是一首小令，是作者蔣捷生命軌跡的分期紀錄，也是一生真
　　實的寫照，以三幅象徵性的畫面，概括了從少年到老年，在環
　　境、生活、心情各方面所發生的巨大變化。詞人曾為宋末元初的
　　進士，過了幾年官宦生涯，但宋朝很快就滅亡，他的一生是在顛
　　沛流離中度過的。三個時期，三種心境，讀來令人感傷不已。全
　　詞旨在表現國家已亡、江山易主、歷盡人事滄桑的悲痛無奈之
　　情。並以聽雨為題材，概括了少年、壯年和晚年三個時期的不同
　　感受，身世家國之感極為痛切，其中「壯年聽雨客舟中，江闊雲
　　低，斷雁叫西風」二句，尤其悲壯蒼涼。

（二）單元設計與立意取材

	時間	地點	場景
立意取材	少年聽雨	歌樓上	紅燭昏羅帳
立意取材	壯年聽雨	客舟中	江闊雲低，斷雁叫西風
立意取材	晚年聽雨	僧廬下	一任階前點滴到天明

案：「少年」聽雨的畫面，是由「歌樓、紅燭、羅帳」三組詞語，傳
　　達年少歡樂風流的情懷，正是燈紅酒綠「不識愁滋味」的青春年
　　華。「壯年」聽雨，是飄零在「江闊、雲低」的「客舟」中，映
　　入眼簾的是「斷雁」、聽到的是蕭瑟的「西風」，可說是作者顛沛
　　流離處境的寫照。晚年歷盡滄桑、亡國亂離的悲愴，即使徹夜聽
　　到雨聲，也「一任階前點滴到天明」，似乎所有的悲歡離合，無
　　法激起心湖的漣漪。在僧廬之孤寂冷落與鬢髮之斑白中，正流露
　　出他飽經憂患後悲涼的心境，看破世間的悲歡離合。對作者而言
　　「悲歡離合總無情」，是對一生經歷的無奈與悲痛。

（三）教學目標與寓意理解

教學目標	寓意理解
能掌握關鍵文字增進對文本的理解	聽雨的地點：「歌樓、客舟、僧廬」分別代表人生三個生活階段。少年輕狂，在歌樓上喧譁度日；中年為生事奔波，場景換到客舟中；晚年孤獨聽雨，則在僧廬下。僧廬下聽雨，表示朋友少了，缺乏共剪西窗燭的對象，只好常往廟裡走，這是一種晚景的寫照。
能理解文本結構脈絡與深層的寓意	「聽雨」雨水代表時間 少年聽雨，詞人沉醉於歡樂；壯年聽雨，詞人傷感於孤獨。到了老年，詞人看透了變幻無常的人事，對這場雨，便採取聽之任之的態度，隨它下到天明，因為一切也都無法挽回了！

案：古人寫詩詞，有的寫眼前事，訴心中曲，抒寫人生悲歡離合的情懷；有的情繫萬里，思接千載，闡發古今人事盛衰的幽思。形式極為靈活，內涵又極為豐富。蔣捷以「聽雨」為題材之線索，寫下在人生不同時期，不同場域，聽雨的感受，也為自己的一生寫下耐人尋味的詞章。這就是著名的〈虞美人〉聽雨：除了詞簡意深和豐厚的情感內涵外，〈虞美人〉更像是一首令人蕩氣迴腸的生命歌謠。詞中反覆出現「聽雨」字樣，句式也相似，極盡《詩經》中重章複沓的詩趣，每章詞句基本相同，只是更換幾個字詞反覆吟唱，達到情景交融、深化主題的效果。因此，這闋詞就有了迴環往復、意味無窮的韻律美感。

（四）延伸思考

分組活動舉隅：人生像什麼？

主題	內容
人生像場美食饗宴	湯　圓：給自己一些磨練，才會變得更圓潤，但始終不變的是美好的內心。 拉　麵：成功也需要有人拉一把。 餃　子：真正成熟之前，總要經歷各種沉浮起落。 發　糕：渺小時，比較充實；偉大後，反而覺得空虛，但是成就偉大的正是渺小時的充實。 刀削麵：每一道傷痕，都代表每一次收穫。 啤　酒：別急，總會有冒泡的時候。 小龍蝦：好多時候只是紅極一時而已。 酥油餅：有時候無需羞於袒露你脆弱的一面。

　　從海洋大學大一學生用「美食饗宴」來詮釋人生，例如：「湯圓：給自己一些磨練，才會變得更圓潤，但始終不變的是美好的內心」；「發糕：渺小時，比較充實；偉大後，反而覺得空虛，但是成就偉大的正是渺小時的充實。」簡短的文句意蘊深遠，頗富人生哲理，這也是青年學子盡情揮灑自我，追求卓越之人生的體現。因此每一位學生應該培養「欣賞別人，看重自己」的襟懷，這與孔子在《論語·衛靈公》中所說的「忠恕」之道，有異曲同工之妙。盡己之心，以誠待人接物，就是忠的表現；推己及人，設身處地為別人想一想，這就是恕的表現。可見「忠恕」是充滿生命智慧，生活體驗的哲理，更是每個人進德修業、立身處世的基石。所以生命的第一步要先認清自己，了解自己本身的優缺點之後，再肯定自己，保持自己的特色，並且提昇自信心，以開創人生的光明面。

四　結論

　　德國大詩人歌德（Johann Wolfgang von Goethe, 1749-1832）在《浮士德》中唱道：「我有入世的膽量，下界的一切痛苦我要承當！」這是何等灑脫的真情，又是何等高明的理性。在急湍的生命長河裡，有激流有險灘，在激流中有寧靜，在險灘中有驚奇，剎那中有恆，串成多采多姿的生命組曲。學生經由閱讀經典名言，領悟到生命的成長、智慧的成熟乃至悟境的提昇、生命意義的持續開展，需經過千錘百鍊，所謂：「能受天磨方鐵漢，不遭人嫉是庸才。」在遇到挫折與苦難時，可以學習以平和之氣、忍耐的態度反省自我，接受挫折之挑戰，以經典名言增長自己的智慧，進而開拓自己宏觀的視野。

　　教師是培育學生發展健全人格的重要指導者，因材施教，可以掌握學生的動向，教師深入探討學生問題的癥結所在時，並且要紓解學生的心理壓力，充分發揮輔導功能，注重機會教育，循循善誘，教導他們培養「欣賞別人，看重自己」的襟懷，朝著自己理想的目標前進，並且吸取他人的長處來磨鍊自我。因此各級學校都要加強生命教育，使青年學子在人生成長的途徑中，能經得起順境、逆境的各項考驗。在生命的長河裡，每個人猶如掌舵者，划行著生命的小舟，不論遇到驚濤駭浪或礁石的阻隔，都要以乘風破浪的精神去突破各項險阻，以航向人生成功的彼岸。

徵引文獻

〔漢〕鄭玄注、〔唐〕孔穎達等正義:《禮記正義》,臺北:藝文印書館,1998年。

〔宋〕蔣捷撰、楊景龍校注:《蔣捷詞校注》,北京:中華書局,2010年。

〔宋〕朱熹:《四書章句集註》,臺北:鵝湖出版社,1998年。

孫效智:〈臺灣生命教育的挑戰與願景〉,《課程與教學季刊》第12卷第3期(2009年7月)。

吳智雄、顏智英:《生命・海洋・相遇——詩文精選》,臺北:五南出版社,2014年。

普通高級中學選修科目:〈「生命教育」課程綱要〉,2008年。

國家教育研究院:〈十二年國民基本教育課程綱要生活課程〉,2019年。

合作閱讀教學法融入經典閱讀教學
——以《紅樓夢》教學為例[*]

一　前言

　　在知識經濟蓬勃發展的時代，要如何培養學生學會應對二十一世紀的學習能力，已是二十一世紀課程改革的重大主題。美國學校圖書館員學會（American Association of School Librarians，簡稱 AASL）曾於二○○七年提出「二十一世紀學習者應具備的準則」（Standards for the 21st Century Learner），指出學校課程應培養學生批判思考、獲取知識、應用知識、創造知識、分享知識以及參與社會發展的能力。的確，閱讀書籍、探索知識，乃是激發自己潛能及創造思考的原動力。英國教育部長布朗奇（David Blunkett）說：「每當我們翻開書頁，等於開啟了一扇通往世界的窗，閱讀是各種學習的基石。在我們所做的事情中，最能解放我們的心靈的，莫過於學習閱讀。」（《天下雜誌》263期，2002）因此面對多元文化社會的變遷，我們應全面推展學習型組織，引領學生懂得溝通合作交流，有能力活用知識來解決問題。

　　美國聯邦教育部在二○○七年就制定了《二十一世紀技能框架》（以下簡稱《框架》），《框架》將二十一世紀人們應具備的基本技能

---

[*]　本文發表於二○一八年二月二日在國父紀念館所舉行之「多元文化與經典詮釋學術研討會」。

整合起來，繪製了學習者的學習設計和培養技能藍圖。《框架》主要的四個內容是核心課程和二十一世紀教育主題（Core Subjects and 21st Century Themes）、生活和工作技能（Life and Career Skills）、學習和創新能力（Learning and Innovation Skills）、資訊媒體與技術能力（Information, Media and Technology）。其中，學習和創新能力處於二十一世紀學習技能的金字塔頂端，包含了創造性和創新能力（Creativity and Innovation）、批判性思維和問題解決能力（Critical-thinking and Problem-solving）、交流能力（Communication）和合作能力（Collaboration）。這些能力俗稱「4Cs」，被視為美國教育革新的核心任務。在教學中，教師將「4Cs」融於活動和任務設計中，鼓勵學生合作共享，發揮每個人的長處和優勢，取長補短；在團隊和任務中建設和營造建設「我們」的文化和氛圍；課堂上允許學生犯錯，鼓勵學生不斷嘗試，打破固有的思維模式，勇於嘗試，大膽實踐。的確，《框架》理論的提出，提供教育領導者及圖書館在推動閱讀教學活動，應思考如何引導學生將「4Cs」的核心任務，融入合作學習策略，以提升學生學會應對二十一世紀學習的能力。

二　合作學習在經典閱讀教學上的運用

合作學習（cooperative learning）是一種有系統、有結構的教學策略。所謂能力（ability），實際上與國際教育中所談的技能（skill）、素質（quality）和素養（literacy）大致是相通的，它涵蓋了溝通合作交流、批判性思考、問題解決、創造力等方面。依學生的學習能力、性別、種族或社經背景，異質分配到小組中，彼此互相指導，互相學習；讓學生從不同的對象中，學到更多的觀點，以結合學習經驗達成學習目標（王碧惠，2007）。因此每位教師應該積極推動合作學習策

略，以培育學生終身閱讀與他人分享知識的好習性，及強化學生知性、感性的討論能力。

（一）合作學習（cooperative learning）的意義

合作閱讀策略是美國學者 J. K. Klingner 和 S.Vaughn 於一九九九年提出的一種閱讀策略教學法，此教學法結合了合作學習（cooperative learning）與交互教學法（reciprocalt teaching）的特性，學生在小組中互相幫助，運用學過的閱讀策略去解讀英文故事中的生字，分析大意，再將討論結果紀錄在閱讀筆記上。Klingner 和 Vaughn 的研究，證明了合作閱讀策略教學可以有效的增進第二語言學習者（second language learners）的英語閱讀理解能力，字彙學習和學科知識。合作學習透過團隊的知識建構和個人的反省可以豐富個人的學習經驗，並激發他們探索新的觀點和視野（S. S. Liaw, G. D. Chen, and H M Huang, 2008）。

（二）合作學習法在經典閱讀教學上的運用

本研究是透過「閱讀與寫作」（Reading and Writing）課程教學來進行，其選課學生為臺北市立教育大學選修的大二學生，課程的教學目的是引導學生閱讀經典古籍，並且融會貫通書中的精華內容與完整結構，以培養批判性思考（critical thinking）的能力，以及對生命美學教育的延伸思考。因此，課程內容主要是以古典文學與現代文學為教本，教師運用合作學習策略，引導學生閱讀經典名著。而教學的進行係強調個人閱讀心得寫作與團隊研究報告的分享，以達到學生對該經典的閱讀有充分和周延的認知，並且能夠進行見解的溝通和交流。合作學習策略可以增加與同儕的互動、培養工作默契、提高學生課堂的參與程度，而且可讓每個人展現自己的專長。茲歸納合作學習的教學方法與流程，如下：

1 策略的教導

包括預覽、詳讀、大意理解、總結等四個程序性的策略。(邱彥瑄，2007) 本教學在閱讀經典之初，會由授課教師先行就寫作的時代背景、思想潮流以及相關學派的觀點進行解說。再加上利用網路的資源，讓學生進行問題的探究，並呈現作品的學習方式。(徐新逸，2001) 讓學生尋覓課本以外更豐富寬廣的天空。

2 合作的團體學習活動

包括角色的確定、學習材料、實施步驟等。(邱彥瑄，2007) 每位同學都必須依循進度閱讀每本經典，運用圖書館網路資源，進行學習資料的蒐集、分析整理。並透過影片欣賞，提升學生對教材內容有更深刻的認知能力與學習興趣。

3 分組報告

教師透過師生的分組報告，鼓勵學生活化所需的先備知識，並統整新訊息，以增進閱讀理解能力。分組報告與討論是探索團體運作中最基本的要素，沒有討論的團體絕對不是一個探究團體。經由分組深入的討論與報告，可以幫助學生朝多元的方向發展，以提升學習成效。

4 合作學習的五個基本要素

一、積極互相依賴。二、個別績效責任。三、面對面互動。四、培養合作技巧。五、反思和分析的時刻。(Ellia，2007) 唯有如此，才能在不違背合作學習基本精神的前提下，量身訂做適合學習者的合作學習策略。合作學習可以培養同儕之間的互動與默契，展現學生個人的專長，增進課堂的參與程度與學習興趣。

三　合作閱讀教學實例

透過經典閱讀教學，可以引領學生開啟古典文學的堂奧，在古聖賢哲的智慧結晶與經典話語中，開拓學生的新視野，陶冶其閱讀品味，培養學生終身學習的能力。《紅樓夢》全書以賈、王、史、薛四大家族為背景，以賈寶玉和林黛玉的愛情故事為主線，圍繞兩個主要人物的感情糾葛，描寫了大觀園內外一系列青年男女的愛情故事。《紅樓夢》是一部以發展人物性格為創作核心的生命美學小說，所以不論是依據現實生活中人物，在衣、食、住、行上的基礎需求，或是按照小說在敘事藝術方面對四需內容的建構，四需書寫正是作為小說塑造人物形象和發展情節功能時不可或缺的重要素材。因此以《紅樓夢》人物介紹與「生活四需」——即服飾、飲食、住所、行踏四方面作為合作閱讀教學的主題。茲分述合作閱讀教學教學活動與內容，表列如下：

表一　合作閱讀教學目標與教學內容

課次	教學目標	教學內容
一	摘要和分析題旨能力	《紅樓夢》經典人物介紹
二	學習和創新能力	《紅樓夢》服飾之外顯書寫
三	學習和創新能力	《紅樓夢》飲食之生活寫實風貌
四	資訊媒體與技術能力	《紅樓夢》之住所
五	資訊媒體與技術能力	《紅樓夢》之行踏

本課程是選用《紅樓夢》文本，運用合作閱讀教學的策略，配合《紅樓夢》經典人物介紹、服飾之外顯書寫、飲食之生活寫實風貌、住所、行踏等教學內容，訂定教學目標，呈現完整的教學概念。希望

藉由教學目標，讓學生了解《紅樓夢》全書的旨趣與意涵，進而提升分析題旨、學習和創新、資訊媒體與技術等能力。

表二　學生分組報告

分組	主題	內容
第一組	《紅樓夢》經典人物介紹	1. 賈寶玉：性格的核心是平等待人，尊重他人個性，主張各人按照自己的意志自由生活。 2. 林黛玉：從小體弱多病，極工詩詞，所作之詩文筆與意趣俱佳，故有才女之稱。 3. 薛寶釵：性格的複雜性，使她具有處事周到，辦事公平，關心人，體貼人的美好品格。
第二組	《紅樓夢》服飾之外顯書寫	1. 服飾的基本款式外觀 　服飾外顯出人物之性別與身分尊卑。 2. 服飾之內在書寫 　透露出主體的性格、面對生活的價值態度。 3. 服飾顯示的性格描述 　服飾傳達人物內心的各種意識與感知。 4. 服飾顯示的人物情感意涵 　服飾藉飾物配件以傳情。 5. 《紅樓夢》服飾之表演書寫 　服飾設計的表演多樣化。
第三組	《紅樓夢》飲食之生活寫實風貌	1. 飲食內容：食材來源為宮中賞賜、配合自然節氣、天候、生態的產品、季節性差異的產品等。 2. 飲食禮儀：貴賤尊卑之別、主子與奴才、用餐禮儀、座次安排等。 3. 飲食器具：水晶缸、纏絲白瑪瑙的碟子、白粉定窯的小碟子·烏木三鑲銀箸等。 4. 飲具：玻璃盞、琥珀杯、烏銀梅花自斟壺、海棠凍石蕉葉杯。

分組	主題	內容
第四組	《紅樓夢》之住所	觀園中五個院落式建築：大觀樓，瀟湘館，稻香村，蘅蕪苑和怡紅院。 瀟湘館──林黛玉住所 蘅蕪苑──薛寶釵住所 怡紅院──賈寶玉住所
第五組	《紅樓夢》之行踏	1. 乘車轎、馬匹或步行 　賈家主子不只是外出乘輿轎，在偌大 　之府內亦可能乘坐小轎。 2. 賈府男性騎乘馬匹 　賈府男性，出行時較多是以乘馬代步。

　　本課程是利用合作閱讀教學的自主學習，將全班學生分為五組，學習內容是以《紅樓夢》經典人物介紹、《紅樓夢》服飾之外顯書寫、《紅樓夢》飲食之生活寫實風貌、《紅樓夢》之住所、《紅樓夢》之行踏等五部分，各組學生運用圖書館網路資源，進行學習資料的蒐集，並利用「面對面互動」、「反思和分析」等技巧來培養團隊合作精神。教師的角色主要在課前的引導，課程進行中的聆聽，課堂上學生的互動，探討學習才是主軸。

表三　影片介紹、教材主題摘錄與分析

https://www.youtube.com/watch?v=iHlQ7EFA7SM

影片介紹	主題摘錄	分析
元妃省親	元妃乃命筆硯伺候，親拂羅箋，擇其喜者賜名。因題其園之總名曰：「大觀園」，正殿匾額云：「顧恩思義」，對聯云：「天地啟宏慈，赤子蒼生同感戴；古今垂曠典，	在《紅樓夢》第十八回「皇恩重元妃省父母，天倫樂寶玉呈才藻」中描述賈府長女賈元春被選進宮冊封為賢德妃後的省親別墅大觀園，其多處建築由元春省親時親自賜名。

影片介紹	主題摘錄	分析
	九州萬國被恩榮。」又改題：「有鳳來儀」，賜名瀟湘館。「紅香綠玉」，改作「怡紅快綠」，賜名怡紅院。「蘅芷清芬」，賜名「蘅蕪院」。	
劉姥姥嬉遊大觀園	李紈端了一碗放在賈母桌上，鳳姐兒偏揀了一碗鴿子蛋放在劉姥姥桌上。賈母這麼說聲「請」，劉姥姥便站起身來，高聲說道：「老劉！老劉！食量大如牛，吃個老母豬不抬頭！」說完，卻鼓著腮幫子，兩眼直視，一聲不語。眾人先是發怔，後來一想，上上下下都哈哈的大笑起來。	在《紅樓夢》第四十回描述劉姥姥進大觀園進屋吃飯生動有趣的情節。飲食深繫著小說人物生活的每一個層面，因此能更容易深入人物生活的私密處。
黛玉葬花	花謝花飛飛滿天，紅消香斷有誰憐？ 遊絲軟系飄春榭，落絮輕沾撲繡簾。 閨中女兒惜春暮，愁緒滿懷無釋處； 手把花鋤出繡簾，忍踏落花來復去？ …… 爾今死去儂收葬，未卜儂身何日喪？ 儂今葬花人笑癡，他年葬儂知是誰？ 試看春殘花漸落，便是紅顏	在《紅樓夢》第二十七回中描述林黛玉吟誦出〈葬花詞〉，共五十二句，三百六十八字。黛玉憂愁多思，葬花也是另一種對自己的愛惜與對現實生活無奈的感慨。

影片介紹	主題摘錄	分析
	老死時。 一朝春盡紅顏老，花落人亡兩不知！	
王熙鳳大鬧寧國府	寧國府賈敬迷信仙術，因汞丹中而亡，其子賈珍之妻請弟媳王熙鳳操辦喪事，又請尤老娘、尤二姐、尤三姐來幫忙。熙鳳之夫賈璉見二姐美貌，遂與其私會，並私自納其為妾。三姐不滿二姐行為，整日憂愁，終自刎而死。熙鳳設法支走賈璉，將二姐誘到大觀園住下，表面對其極好，私下卻指使婢女故意刁難。賈璉又納秋桐為妾，熙鳳又慫恿秋桐與二姐爭風吃醋。二姐深感生活艱難，萬般無奈，吞金而亡，一縷香魂追隨三姐而去。	劇情改編自《紅樓夢》。 情節主要描述賈府公子賈璉以一個有婦之夫的身分在外另結新歡尤二娘，然而元配王熙鳳得知後決定展開報復，最後復仇成功的故事。

本階段的自主學習是學生觀看教師所錄製的四段影片，一是元妃省親，二是劉姥姥嬉遊大觀園，三是黛玉葬花，四是《王熙鳳大鬧寧國府》。經由影片的欣賞，更能體現大觀園內亭臺樓閣的富麗堂皇，封建禮制的繁瑣，豪華盛宴的排場。「黛玉葬花」一段影片，反映出林黛玉的多愁善感，也彰顯了她孤芳自賞，不願向現實低頭的孤傲性格。「一朝春盡紅顏老，花落人亡兩不知」令人慟絕，竟成為寶黛之間愛情結局的讖語。「明媚鮮妍能幾時，一朝飄泊難尋覓。」此句預示了賈家各人的最終命運和衰落，也說明了人生於世，沒有人能夠永

遠處於巔峰狀態，在遭受各種困境的歷練，可能會居無定所四處漂泊。曹雪芹以細膩寫實的文筆與一生血淚的經歷，寫下感人肺腑的巨著，全書高潮迭起，寓意深遠，受到中外讀者的喜愛，更造成紅學的炫風及潮流。

表四　課文摘錄與分析

	課文摘錄	分析
經典人物介紹	面如敷粉，唇若施脂，轉盼多情，語言常笑。天然一段風騷，全在眉梢；平生萬種情思，悉堆眼角。	《紅樓夢》第三回中描述賈寶玉出場時，小說曾以林黛玉的視角描寫他賈府中下人稱其寶二爺，在大觀園詩社中又有別號怡紅公子、絳洞花王、富貴閒人。
經典人物介紹	兩彎似蹙非蹙籠烟眉，一雙似喜非喜含情目。態生兩靨之愁，嬌襲一身之病。淚光點點，嬌喘微微。嫻靜似嬌花照水，行動如弱柳扶風。心較比干多一竅，病如西子勝三分。	《紅樓夢》第三回中曾描述林黛玉的外貌，黛玉憂愁多思，弱柳扶風，同時喜愛詩書，頗有詠絮之才，具有詩人的特質。
服飾之外顯書寫	先就看見薛寶釵坐在炕上做針線，頭上挽著漆黑油光兒，蜜合色棉襖，玫瑰紫二色金銀鼠比肩褂，蔥黃綾棉裙，一色半新不舊，看去不覺奢華。	在《紅樓夢》第四回描述薛寶釵的服飾，就充分體現「因人裁衣」的特色，讓不同性格的人物，就在他們的服飾上折射出不同的性格風貌。
飲食之生活寫實風貌	李紈端了一碗放在賈母桌上，鳳姐兒偏揀了一碗鴿子蛋放在劉姥姥桌上。賈母這麼說聲「請」，劉姥姥便站起身來，高聲說道：「老劉！老劉！食量大如牛，吃	在《紅樓夢》第四十回描述劉姥姥進大觀園進屋吃飯生動有趣的情節。飲食深繫著小說人物生活的每一個層面，因此能更容易深入人物

	個老母豬不抬頭！」說完，卻鼓著腮幫子，兩眼直視，一聲不語。眾人先是發怔，後來一想，上上下下都哈哈的大笑起來。	生活的私密及瑣碎之處。

　　《紅樓夢》是我國經典名著，全書塑造許多生動鮮活的藝術形象，包括：賈寶玉、林黛玉的人物形象、服飾之外顯書寫、飲食之生活寫實風貌等。從上述片段的選文中，曹雪芹塑造了一群個性鮮明的人物形象，他們各有所長，例如：林黛玉善良專情但又愛耍小脾氣，賈寶玉的直率卻又有些隨心所欲。作者透過劉姥姥的見聞與感受，引領讀者由旁觀者的角度去了解大觀園中豪華、奢侈的生活樣貌，具體而鮮明的映照出兩個貧富懸殊的世界。另一方面，作者也透過對人物動作、對話的生動描寫，將沒見過世面的村婦劉姥姥刻劃得栩栩如生：由於長期的生活磨練與人生體驗，表現出樸實淳厚，卻善體人意、靈巧機智的人格特質。作者融合生活的情節，運用比較分析的方法，從多個側面分析人物特色，以突顯書中每個人物不同的個性，讓學生可以深刻體現書中的思想意涵，刻劃細膩的藝術手法，耐人尋味的情節佈局，以提升學生學習興趣。

表五　合作閱讀教學分組報告評分及建議表

組別	日期（星期）／時間 主題／作者	負責內容表現
		資料搜集表現：優□尚可□有待改進□
		PPT製作表現：優□尚可□有待改進□
		上臺講解表現：優□尚可□有待改進□
建議事項		

　　經由分組報告評分及建議表分析，可以了解學生在搜集資料與PPT 製作方面，是否能夠運用合作閱讀教學法融入經典閱讀教學，以培養學生主動探究的學習態度，學生在搜尋圖書館網路資源與充分熟悉古典小說內容，分析整理相關資訊後，將報告主題製作成 PPT。各小組上臺的講解表現，可以體現學生團隊合作的精神，進而提升學生創新能力和交流合作能力，充分發揮合作閱讀教學的功效。

表六　閱讀學習單

閱讀學習單一			
科系：地生系	學號：○○	姓名：張○○	分數
主題	紅樓夢		
心得	紅樓夢是中國古典小說的巔峰之作，長達一百二十回。有別於明清兩代著名章回小說的四大奇書，它是一部世情小說，在當時的許多小說是承襲前代作品而來，就是以史料、鬼神為主，很少有描		

	寫宦官之家的生活，紅樓夢卻能獨創一格，從眾多名書中脫穎而出，位列清朝章回小說之名著，並千古流傳成為必讀經典，想必有它的魅力及值得探究的部分吧！
	紅樓夢為一部背景架空的長篇章回小說，裡面除了為人所熟知的林黛玉、賈寶玉、薛寶釵之外，還包括王熙鳳、賈母、迎春……等眾多角色，他們每個人都有自己的思維及性格，在這富麗堂皇的賈府中，演譯著他們華麗卻淒涼的一生。
	小時後接觸紅樓夢時，經常會為了書中的大量人物所困惑，但每經過一段時間去重新讀過，總能有新的體悟，裡面的人、事、物、時，所用的筆法都很細膩。在人物方面，它不僅寫出了那人的樣貌，還巧妙利用人物本身和他人互動的關係，來表現出該人物栩栩如生的形象，其中我一直最喜歡主角林黛玉。
心得	林黛玉，她聰明絕頂又伶牙俐齒，貌美而氣質不凡，卻總是多愁善感，在葬花一環節中便可知曉，但不善與人交際，只能孤芳自賞，最終落得孤苦悲涼的結局，然而如今再想，她的自卑自憐，造就了她一生她的結局，若是她能為了寶玉，為了他們的愛情，勇敢一回，不在意他人的眼光及想法，破除封建社會的束縛，或許結局便不會如此淒涼。但也是因為從作者的安排中，看出她對寶玉的一片真心，以及帶有缺憾的美，不完美的美。
	在作者的安排下，賈府最終窮困潦倒，黛玉吐血離世、寶玉出家，其它人物也少有善終，結局竟如此悲涼！看著龐大的賈府一步步走向衰亡，難道人世間的男歡女愛、榮華權勢，何嘗不是鏡花水月如夢一般？

閱讀學習單二			
科系：史地系	學號：○○	姓名：張○○	分數
主題	元妃省親		
心得	元妃省親，在紅樓夢中，篇幅不大，但是卻是賈府中最重要的事件之一。 　　藉由元春晉升為賢德妃，被賜回家省親，賈府的權勢達到了高峰。透過這部元妃省親的橋段影片，可以看出整個元妃省親的過程，體現了封建社會下，尊卑貴賤，禮法制度的情形，而在此光鮮亮麗的外表下，整個元妃省親的事件中，也籠罩在悲涼的狀態下，暗示了日後賈府的衰敗，而在影片中，吸引我的目光的則是那看似突兀，實際上卻有著深遠意義的沙漏，沙漏，代表著時間的消逝與迫近，代表著元妃省親的活動即將進入尾聲，心中除了充滿依依不捨之情，也充滿著想戀之情。 　　在我們生活當中，沙漏、時鐘、手錶，都是時時刻刻地提醒我們，每一分每一秒都在與時間競賽，而我們，終究追趕不上時間那靜悄悄的溜走，我們只能頭也不回的往前看，向前走，儘管走過的路是多麼的美麗；儘管經歷的一切是多麼的扣人心弦，時間，最終仍然毫不留情的繼續流逝，時針、分針、秒針一刻不停歇，讓我們體認到時間與享受當下是彌足珍貴的奢侈與幸福。		

　　從上述摘錄二篇學生的閱讀學習心得，可知《紅樓夢》這部小說，不僅可以當做小說來欣賞，也可以把它當做研究的題材。如果純就欣賞的角度而言，書中複雜的人物個性及精采的情節安排，優美的辭藻，華麗的場景盡收眼底，所蘊含的人生哲理，更是耐人尋味，令人難以釋懷。若把它當做研究題材，例如劉姥姥進大觀園，取之不盡，用之不竭的寶藏，令人大開眼界。舉凡其內容述及之建築、食物、藝術、衣飾、醫藥、俚語等洋洋大觀。甚至作者的背景、小說的版本以及思想內容等，皆可供有志於文學者深入研究。因此紅樓夢是

一部欣賞與研究皆適宜的作品。不僅可以怡情養性，對文學有興趣的人，讀了《紅樓夢》之後，不論對於寫作或批評，皆有十分重大的助益。《紅樓夢》問世後，以其深入的思想意蘊與精湛的藝術魅力，震撼著一代代讀者的心靈，產生了跨越時空的巨大的影響，在學術研究領域形成了聲勢浩大的「紅學」，這足以說明《紅樓夢》所具備的藝術價值。

綜合上述，可知「知識的分享」對學生而言，同儕之間互切磋、共琢磨的影響力，不亞於老師在課堂上的講解，不過要採用「合作思考教學法」的老師必須要非常熟悉此教學法的基本原理、教學流程、答問技巧及教室管理技巧，以免反而減少了學生的學習時間。（李珀，1998）《紅樓夢》書中有句話說：「世事洞明皆學問，人情練達即文章」，透過廣泛閱讀，觀摩名家作品，可以提升學生創意思考的能力。《禮記・學記》說：「獨學而無友，則孤陋而寡聞。」同儕間筆硯相親的學習，不僅可以發揮團隊精神，在觀摩學習中，分享學習經驗與心得，進而傳播資訊，由此可見，合作閱讀教學可以說是一舉數得的教學方式，值得推廣。

四　結論與建議

綜合上述研究結果，提出本研究之結論與建議。

（一）結論

教育是引導學生發展，並經由老師及同儕的互動，建構學生的心理能力，使學生達成高一個層次的心理發展（張世忠，2003）。在二十一世紀的教學理念中，美國教師將「4Cs」融於活動和任務設計中，鼓勵學生合作共享，取長補短，發揮每個人的長處和優勢，這的

確是新世紀重要的教育理念。英國生物學家達爾文（Charles Robert Darwin, 1809-1882）曾說：「最有價值的知識是關於方法的知識。」的確，在資訊科技文明日新月異的時代，各級學校的教材內容也需要不斷的發展與創新，掌握住良好的教學方法，也就是掌握住開啟新時代智慧的鑰匙。茲略述運用合作閱讀教學，足以促進學生學會應對二十一世紀學習的能力，如下：

1 增進批判性思維和問題解決能力

學者洪文東（2000）提出「問題解決能力」須具備：創造思考、批判思考和推理思考。學生在小組中學習到的是互相協助與關懷，而不是彼此競爭，教室成為學習、討論、互相成長的地方。（張世忠，2003）其目的除了讓學生具備基本知識外，也期待學生在閱讀的過程中能夠比較分析其異同，甚至進行反省批判，以增進批判性思維和問題解決能力。

2 加強資訊媒體與技術能力

網路環境應用合作學習，主要是在科技界面下發揮人文互動的效果，促進網路互動與協助參與的功能。（孫春在、林珊如，2007）利用網路傳遞訊息，利用影片的欣賞讓學生有身歷其境的感受。凡此種種，都會使得現行的教育系統產生極大的變化。如何結合學校圖書館的網路資源與影片的欣賞，來推動合作學習教學策略，乃是擴大學生學習領域、增進自主學習能力、啟發閱讀興趣的基石。

3 提升學生閱讀理解和創新能力

在合作學習的團體運作裡，教師只為學生提供協調與諮詢，小組成員成為彼此資訊提供及分享的對象，藉由小組成員共同達成任務的

互動過程中，互相刺激鼓勵，達到澄清和建構彼此概念的目的。（郭英彥，2007）。Roth 和 Roychoudlury（1993）亦認為透過小組溝通與辯論的過程，學生可以重塑自己的概念架構（conceptual framework）和知識體系（knowledge system），以促成概念的改變，達到有意義的學習。的確，透過師生的互動和溝通，可以提升學生的閱讀理解和創新能力。

4　提升學生人際關係和和交流能力

同學們除了課業的學習之外，還有一個很重要的功課就是建立良好的人際關係，人際關係思想，蘊涵著人與人之間，應盡的責任與義務，人與人之間的互動關係。合作學習課程活動是在小組之中完成，同學必須與其他同學有正向的互動，所以要試著用彼此能接受，甚至是喜悅的方式去溝通、討論，來解決共同的問題。要達到此一理想，必須具備兩個條件：其一是有語言上的表達能力；其二是有待人處事的基本社交技巧。這兩點均須在平常的教學活動中先行養成。（蔡姿娟，2004）足證良好的人際關係，可以增進學生的交流能力和合作能力。

美國歷史學家亨利‧亞當斯（Herry Adams, 1838-1918）說：「只要懂得如何學習，就有足夠的知識。」一個情緒智商高的人會有自制力、多元觀點的能力、解決問題的能力、溝通的能力、團隊合作的能力、表達的能力、領導的能力、創造力，且其人際關係也會更和諧，這樣的人就是二十一世紀所需要的人。為因應時代的挑戰與衝擊，培養學生學會應對二十一世紀學習的能力，已成為前瞻未來，領航知識世紀的核心任務。因此，學校教育要全面推展學習型組織，引導學生利用合作學習的教學方式，培養學生擁有「4Cs」的學習能力，並積極推動全民閱讀運動，以提昇知識競爭力。

（二）建議

一、有「現代物理學之父」之譽的愛因斯坦（Albert Einstein, 1879-1955）曾說：「提出一個問題往往比解決一個問題更重要。」的確，面臨跨世代的文化視野，讓學生在學習中活動中，思考、應變，發覺問題，再與小組、分享交流不同的看法，可以提升學生的思辨能力。跨越時空，不同世代思維模式的文化，可以啟發學生豐富的想像力與創造力，進而培養學生終身學習的能力。這是當今各級學校在推動經典閱讀教學，值得關切的議題。

二、孔子說：「三人行，必有我師焉，擇其善者而從之，其不善者而改之。」（《論語・述而》），又強調「獨學而無友，則孤陋而寡聞」（《禮記・學記》），說明朋友之間互相的切磋琢磨，可以使學業品德日益精進。而且合作學習不但可廣泛的運用於各年級、學習階段、不同學科及學習任務，同時也可增進教學效果，包括認知、情意和技能各方面的學習成效（Panitz, 1999；Slavin, 1995）。

三、經由《紅樓夢》一書的合作閱讀教學，不應侷限於原典文意的詮釋、作者生平事蹟的介紹、人物個性的描述，建築、園林、食品、茶飲、醫藥、服飾等文化知識都是延伸閱讀的重要範疇。《紅樓夢》一書融攝古文、歷史、心理學、社會學、哲學等多元範疇，透過古典小說的閱讀教學，可以引領學生開啟古典文學的堂奧，在作者嘔心瀝血的智慧結晶與經典話語中，開拓學生的新視野，陶冶其閱讀品味。

四、建構多元化教材及學習環境，是實施資訊融入教學之基石，透過教學平臺的聯結、線上討論的應用來打破僵化的傳統教學方式（邱子修，2009）。整合性的資訊系統，有著融合教育與生活的能力，統整各類學科，藉著電腦的輔助，以激發學生的好奇心及創造力。

　　五、英國偉大的物理學家牛頓（Issac Newton, 1643-1727）曾說：「我可以比別人看的更高更遠，是因為我站在巨人的肩膀上」，足證合作學習可以培養學生尊重關懷與團隊合作的精神，進而提升宏觀的視野與解決問題的能力。

　　因此，每位教師應先調整自己的學習觀和知識觀，引導學生成長及發展，透過小組的合作，從事知識的分享與建構，並學會負責的態度，以求新求變的信念，來提高學校教育的品質，使每位莘莘學子在快樂的學習環境中茁壯成長。

徵引文獻

一　中文部分

王碧惠：《合作學習對國小自閉症兒童合作技巧之成效研究》，臺北：
　　　臺北教育大學特殊教育學系碩士論文，2007年。

李　珀：《合作思考教學》，臺北：臺北市教育局，1998年。

邱彥瑄：〈智能研究新取向：Sternberg 成功智能理論對於教學的啟
　　　示〉，《教育研究》第14期（2006年）。

洪文東：〈從問題解決的過程培養學生的科學創造力〉，《屏師科學教
　　　育》第11期（2000年3月）。

徐新逸：〈如何利用網路幫助孩子成為研究高手？網路專題式學習與
　　　教學創新〉，《臺灣教育》第607期（2001年7月）。

張世忠：《建構取向教學——數學與科學》，臺北：五南出版社，2003
　　　年。

郭英彥：《國小自然與生活科技領域實施合作學習之行動研究》，桃
　　　園：中原大學教育研究所碩士論文，2007年。

蔡姿娟：〈合作學習教學法對高三學生英文閱讀理解及態度之效益研
　　　究〉，《國民教育研究學報》第13期（2004年7月）。

孫春在、林珊如：《網路合作學習：數位時代的互動學習環境、教學
　　　與評量》，臺北：心理出版社，2007年。

《天下雜誌》第263期，2002年11月15日。

網路展書讀——中華典籍網路資料中心——紅樓夢網路教學研究資料
　　　中心：http://cls.admin.yzu.edu.tw/hlm/HOME.HTM

二 英文部分

Panitz, T. (1999). The motivational benefits of cooperative learning. New Directions for teaching and learning, 78, 59-67.

Roth, W. M., & Roychoudhiry, A. (1993). The concept map as a tool for the collaborative learning of knowledge: A microanalysis of high school physics students. Journal of Research in Science Teaching, 30, 503-534

Slavin, R. E. (1995). Cooperative learning: theory, research, and practice. Englewood Cliffs, NJ: Prentice-Hall

S. S. Liaw, G. D. Chen, and H M Huang," (2008) S. S. Liaw, G. D. Chen, and H. M. Huang," Users' attitudes toward Web-based collaborative learning systems for knowledge management". Computers & Education, 50, pp. 950-961. 2008.

美國聯邦教育部在2007年制定了《二十一世紀技能框架》網址：https://kkn ews.cc/zh-tw/education/o54lb6.html

閱讀理解策略融入經典教學的運用
—— 以林清玄〈楊媽媽和她的子女們〉為例[*]

一 前言

　　面對多元文化社會的變遷，我們必需提供多樣化的教材，引領學生懂得明辨是非、思考問題，有能力活用知識來解決問題。美國國家閱讀諮詢委員會則是從後設分析研究中發現，綜合整理提出七大類閱讀策略有效性的證據，包含理解、監控、合作學習、圖形組織、故事結構、提問（含教師問－學生答、自我提問）及摘要等（National Institute of Child Health and Human Development [NICHD], 2000），後續，受到美國教育科學研究院（Institute of Education Scien-ces）（Shanahan et al., 2010）與美國國家讀寫研究院（National Institute for Literacy, 2006）撰文建議實務工作者採納使用美國國家閱讀諮詢委員會所歸納以研究為基礎的閱讀理解策略（research-based compre-hension strategies）。但這些以研究為基礎所得結論，其證據來源、其學生組合特徵、教學環境等會影響其成效，進而影響實務教學。

　　本研究的目的旨在探討閱讀理解策略（reading comprehension strategies）教學法融入經典閱讀教學，對學生學習成就之影響。研究設計是透過「閱讀與寫作」課程來進行，教學目的是引導學生閱讀林清玄的報導文學作品，並且融會貫通全文的內容與篇章結構，以培養

---

[*]　本文發表於二〇一八年十二月七日國立高雄師範大學舉辦「廣義修辭下的閱讀與寫作教學」海峽兩岸語文教學觀摩暨學術研討會。

學生批判性思考的能力，以及對社會關懷的延伸思考。

　　預期成果：一、建立良好的師生互動關係，以提升學生良好的學習態度。二、使學生透過資訊融入教學活動，以增進學生自主學習與多元思辨的語文表達能力。三、透過文學自覺與生命意識的深入閱讀與分析，以培養學生仁民愛物與關懷弱勢的襟懷。

二　文獻探討

　　閱讀策略所基於的理論性也許能獲得廣泛性認同，但是其成效卻會因研究來源不同而有差異，進而影響實務教學者使用趨向，McCardle、Chhabra 與 Kapinus（2008）表示，當一個閱讀策略效果量偏低時，並不代表這個策略是無效的，而是指出有更多相關研究需要被開發，以探討在各種複雜教學情境與不同樣態的學生下，這個策略如何能發揮其功效，進而說服實務教學者，相信此一策略是值得投入以改進教學。

（一）閱讀策略教學的意義

　　美國 RAND（Research and Development）機構委託國家閱讀諮詢委員會（National Reading Panel, NRP）研究表示，閱讀理解策略（reading comprehension strategies）是一種閱讀者透過其意向思考（intentional thinking），主動參與、涉入文本以建構其意義的歷程，是有別於單純（或消極）為瞭解文本所述內容的活動（Snow, 2002），而此觀點正反映出研究者對於閱讀理解一詞詮釋的演變，愈來愈著重如何能增進學生主動利用其背景知識以建構文本心像表徵（mental representation），進而理解、記憶與使用所讀內容（Coté & Goldman, 1999），因此，如何能有效教導學生閱讀策略，以提升學生閱讀能力則成為一重要課題。

（二）閱讀策略教學的模式與步驟

　　NICHD（2000）曾依據美國實徵研究，歸納出數種有效的單一及多元閱讀策略，而這些策略也廣受國內、外學者青睞，其中，以提問、圖形組織、故事結構、摘要與多元策略之交互教學最受國內研究者關注，累積文獻證據也相對較多，為本研究整合標的，而教學的進行係強調下列組成元素，茲分別說明如下：

1　提問（Self-questioning）

　　提出問題可謂閱讀教學中最常見的策略或途徑，同時，它也常作為銜接、融合其他策略的要件。透過不同問題的導引以促進學生對於表層文字的理解、或需經統整、摘要、精緻化之深層文意理解及涉入個人經驗的理解（Pearson & Johnson, 1978）。Goodman（1996）也強調，讀者與作者之間必須要有共通的語言背景和相似的語言運作模式，亦即閱讀並非單向的傳遞，而是雙向的溝通。Marksberry（1979）指出，讓學生自己提出問題並找出答案，能激發其學習興趣和參與感，增加思考與表達意見的能力。

2　推論（inference）

　　閱讀過程中經常須運用推論，而且不僅限於推理（偵探）小說等內容，因為通常作者撰寫文章時，為考量趣味、精采、或懸疑刺激等可讀性，不會鉅細靡遺敘述所有細節，而須藉由讀者合理的推論，才能理解文章的內涵。Van Den Broek, Fletcher 與 Risden（1993）即指出，閱讀的推論是讀者對於文本中語意不清之處，進行假設、預測或統整，建構出具有連貫性的文本表徵，以幫助其理解與記憶。由此可知，推論能力對於閱讀理解的重要性。

3　文本結構（text structure）

　　約在一九七〇年代末起，相關教學研究陸續被發展，探討如何教導學生瞭解不同文本，包含敘事（narrative）與說明文（expository）結構的效益，而大部分教學目標皆在於文本結構的掌握，而非單純文本內容的瞭解，如此，閱讀者才得以將所學遷移至其他文本。例如：故事結構（story structure）係指故事體文本本身所具有供閱讀者建構意義的內在架構（Rumelhart, 1975），它如同語言的語法一般，能用某些一致性規則來定義故事的內在結構，因此又稱為故事文法結構（story grammar）（Stein & Glenn, 1979）。

4　摘要（summarize）

　　摘要是一種新舊訊息連結與整合下的產物，閱讀者會先判斷內容重要性，經組織後，建立訊息間內在連結、抑或與先備知識整合建立外在連結，以形成自身對於整體文本內容的概念或理解（Mayer, 1996）。而 Hare 與 Borchardt（1984）則認為應包括刪除細節、拆解一系列項目、使用主題句、拆解段落、潤飾文句等元素，但不論為何，其核心大致是相通的，皆仰賴閱讀者藉由刪除不重要及重複訊息，找出文本主要概念，並透過各語詞歸納及段落整合找出主題句，進而以連貫、流暢文字進行潤飾、呈現文本大意（陸怡琮，2011）。

5　交互教學（reciprocal teaching）

　　交互教學（reciprocal teaching）係由預測（prediction）、提問、澄清（clarification）、摘要等策略所組成，是由 Palincsar 與 Brown 等人所發展（Palincsar, 1982; Palincsar & Brown, 1984），其概念過程大致在學生默讀某一文本段落後，針對段落內容進行提問與摘要並透過概

念澄清動作，協助自身對該段落產生正確理解，進而再接續預測下一段落內容等，但在學生獨立習得與使用各項策略前，其教學過程建立在專家鷹架（expert scaffolding）及誘導式教學（proleptic teaching）模式上，強調著師生間的互動，共同建構文章以促進且監控閱讀理解，初始著重師生對話，接著逐步將學習責任轉移或釋放至學生身上。

6 閱讀心得寫作（Writing of reading report）

Goodman（1996）指出，閱讀是書寫的接收層面，寫作則是書寫的表達層面，兩者互為因果，亦即閱讀可以促進寫作，寫作也可以引發閱讀。楊裕貿（1996）認為，心得寫作是指讀者在閱讀以後，記錄自己的認知、感想、體會與收穫等，也就是「讀後感」。林玟伶（2005）則認為「閱讀心得」和「讀後感想」的意思相同，都必須經過閱讀、產生心得感想、再寫作的歷程。

三 閱讀理解策略在經典閱讀教學上的運用

本研究是透過「閱讀與寫作」（Reading and Writing）課程教學來進行，其選課學生為臺北實踐大學大一學生，課程的教學目的是引導學生閱讀林清玄的報導文學作品，並且融會貫通全文的內容與篇章結構，以培養學生批判性思考（critical thinking）的能力，以及對社會關懷的延伸思考。教學材料選自林清玄的〈楊媽媽和她的子女們〉一文，以及自編「個人學習單」、「小組學習單」、「問題討論」等，以設計出更理想的教學內容。閱讀理解策略可以增進學生與同儕的互動，提高對課程的參與程度。研究方法採用提問、故事結構、摘要與多元策略之交互教學來進行，進而培養學生良好的學習態度。

（一）閱讀理解策略教學內容

本單元選擇「報導文學」作為主要閱讀文類，〈楊媽媽和她的子女們〉一文選自《放下過後更澄明：永生的鳳凰》。作者林清玄以細緻入微的觀察，以清澈細膩的文字，以飽含深情的筆端，書寫了對人情世事的悲憫胸懷。

表一　閱讀理解策略教學內容設計

單元名稱	林清玄〈楊媽媽和她的子女們〉
教材來源	實踐大學高雄校區李宗定教授等編輯：《揮灑生命的五色筆——走進悅讀與舒寫的世界》
課程目標	1.透過文學自覺與生命意識的深入閱讀與分析，輔導學生能觀察社會百態。 2.通過文本的講解賞析，使學生培養仁民愛物與關懷弱勢的襟懷。 3.透過討論、寫作與觀摩，以增進學生多元思辨及語文表達能力。
閱讀能力指標	1.經由多層次提問策略，能輔導學生觀察社會的百態。 2.通過文本結構的分析，能增進學生多元思辨的能力。 3.透過故事結構的講解，能培養學生關懷弱勢的襟懷。 4.通過摘要策略的運用，能掌握文本結構段落的脈絡。 5.透過推論策略的進行，能提升學生閱讀寫作的能力。 6.掌握交互教學的步驟，能增進學生語文表達的能力。

本次課程採用閱讀理解策略的教學方式來進行，作者林清玄兩天的參訪六龜育幼院的行程，無意間，看見六龜山地育幼院的戶口名簿，厚得不能再厚的一本，拿在手中沉甸甸的，像是一本長篇小說，每翻一頁都是一章高潮，都是幾個動人的故事。全文描寫六龜大自然景色（溪水、稻田、遠山、土地、藍天、花朵、鳥獸），又以大自然

景色比喻楊神父伉儷的無私大愛，以及孩子們天真的笑容與笑聲。天地與楊氏伉儷的共同點——「無私」，天地與孩子們的共同點——「自然」，作者準確掌握又充滿美感的表達。虛實交相映襯，可說是文情並茂相得益彰。（李宗定，2016）

（二）閱讀理解策略在經典閱讀教學上的運用

依據 NICHD（2000）歸納出及多元閱讀策略的主要些策略：提問、文本結構、摘要、推論、閱讀心得寫作等，茲表列如下：

1 提問教學

閱讀理解策略教學方面，「提問」教學先以教師提問六何法的問題，引導學生找出人（Who）、事（What）、時（When）、地（Where）、為何（Why）及如何（How）的問題。討論時，也鼓勵學生勇敢提問，學生共同討論回答的方式，再進入「自我提問」與回答的階段。

表二　提問教學架構

提問教學	教師	學生
人	楊媽媽是何人	林鳳英女士於一九五一年五月與楊煦牧師結婚
事	六龜山地育幼院的戶口名簿	創辦育幼院收容一百二十幾位孤兒
時	育幼院創辦的時間	1964年
地	育幼院創辦的地點	高雄縣六龜鄉 創辦育幼院
為何	育幼院創辦的動機	楊煦的口頭禪： 「『交朋友，養小孩。』是我的志願。」

提問教學	教師	學生
如何	育幼院創辦後的發展軌跡	「一片荒蕪，不毛之地」，變成了一個土地結出木瓜、地瓜、木薯、蔬菜、雞鴨、豬羊都有的「山地孤兒的樂園了」。

資料來源：林清玄〈楊媽媽和她的子女們〉

　　老師剪輯了兩段影片，一是介紹高雄六龜山地育幼院創辦經過與發展現況；二是介紹口足畫家楊恩典的成長經歷與成為口足畫家的心路歷程。學生必須在課前觀賞影片，鼓勵學生自問自答，循序漸進，引導學生從文本中的六何問題開始，進展到推論與評論的問題，學生能夠從享受閱讀中，也聚焦學習掌握文本的脈絡與批判思考的能力。由上述可知，「閱讀、讀者、作者」的交互作用：在閱讀的過程裡，讀者不能僅是單字或字母層次的辨識與組合，必須是讀者和作者都能掌握複雜言語運作以及文章構成的方式才有可能理解文意。柯華葳（2006）認為閱讀前、中、後的過程中，經常問自己問題，可以檢視自己的理解程度，並且與作者對話。讓學生邊閱讀邊思考，培養自我提問的能力。由提問中，可以逐漸釐清文本的脈絡，也由於提問，引發更深層的思考，讓學生體會提問教學的重要性。

2　推論教學

　　Graesser 等人（1994）提出前因、後果的推論，指推論事件發生之原因與預期文章後續內容的發展，亦即讀者藉由推論前因後果之關係，產生文章局部或整體的連貫性。推論教學則從三方面，即：連結文本的因果關係、由文本找支持的理由、找不同觀點，帶領學生學習依證據來推論文意。

表三　推論教學架構

推論教學	為何	如何
找出證據	楊牧師主持六龜教會，楊媽媽在教會當護士，為何會創辦育幼院？	楊煦於臺中師範學校任職時，有感於臺灣原住民長期受日人之壓迫及隔離，各項資源均甚欠缺，原住民未受到應有之照顧，因此自願教導山地班，對原住民學生關懷備至。楊牧師伉儷以無私的大愛，墾荒拓土，在廢墟中建立六龜育幼院。
重述故事重點	一九五二年，楊煦夫婦二人以單純的信心，發願為原住民弱小服務，決定撫育山地孤兒。	一人身兼數職，努力撐持，方有今日之基督教山地育幼院之規模，並養育了超過六百人出社會自立謀生，現尚維持收容近百人遠近馳名之六龜山地育幼院。

資料來源：林清玄〈楊媽媽和她的子女們〉

　　在學生提出「為何」和「如何」方面的問題，連結文本中兩項以上訊息，推論出某事件所導致的另一事件，正好成為課堂「推論教學」的主題。從文本中找出適當的理由、事件、證據、重述故事重點，讓學生對文章的脈絡與發展更清楚。PIRLS（2006）對閱讀素養評量的「直接推論」，包括連結文本中兩項以上訊息，亦即推論出某事件所導致的另一事件；在一串的論點後，歸納出重點；歸納文章的主旨；和描述人物間的關係等連結文本的因果關係。鼓勵學生勇敢推論，接納多元觀點。雖然起初難免推論錯誤，但在交錯論證中，師生

之間、同儕之間的對談，讓閱讀文本之後的證據愈辯愈明，終而內化成為多元的觀點。

3 文本結構教學

以「故事結構」策略，引導學生掌握閱讀重點和文章脈絡。先找出：主角和他們所做的事；再找出：以後的表現；最後找出：結果如何。王瓊珠（2004）將故事結構元素分為六項：一、主角；二、情境；三、開始事件；四、主角反應；五、事件發展；六、結果。許淑玫（2003）也指出，認知心理學的訊息處理模式強調閱讀活動歷程中，讀者將帶進先前的經驗，即知識基模（schema）重新詮釋文章內容。可見閱讀不僅包含視覺刺激，也是一種深層的心理活動，讀者的經驗在閱讀上扮演重要的關鍵。

表四　文本結構教學架構

單元名稱	林清玄〈楊媽媽和她的子女們〉
文本結構 故事結構	層次一、山地育幼院的戶口名簿是故事的緣起 　　　　無意間，我看見六龜山地育幼院的戶口名簿，厚得不能再厚的一本，拿在手中沉甸甸的，像是一本長篇小說，每翻一頁都是一章高潮，都是幾個動人的故事。 層次二、改變無數山地可憐孤兒的命運 　　　　收容了一百二十幾位孤兒，十幾年來一群孤兒不向命運低頭，墾荒拓土，在廢墟中建立家園並重建自己宏偉的故事。 層次三、楊煦牧師收養無臂女童楊恩典 　　　　當楊爸爸看到她的第一眼，憐憫地說「這是上帝的恩典」，所以取名「恩典」。幸好遇到牧師夫婦很好心的

| | 收養，因為他們的愛心撫養，致此改變了楊恩典的一生，成為知名的口足畫家。 |
| | 層次四、印證一種無私的大無畏的愛
楊媽媽永遠記得帶領這群孩子渡河登山，擁著他們說：「孩子，這就是我們的家。」那種在荒涼中帶著希望的情景。 |

　　林清玄在〈楊媽媽和她的子女們〉一文中，分別以兩條線索進行敘事。其一，洞察世事：作者兩天的參訪行程；其二，創業艱辛：是六龜育幼院從民國五十年代初期創辦後的發展軌跡。全文的修辭技巧：一、概括描寫是作者向讀者介紹人物的方法，簡略敘述人物的概況，使讀者對人物有一個初步或概略的印象。例如：楊媽媽是育幼院的院長，從她手中疼惜著拉拔長大的孤兒不知道有多少，她是那樣謙和、坦誠而充滿熱力，她是個「博愛」的化身。二、肖像描寫是描寫人物的外形特徵，揭示人物的內心世界，例如：楊恩典在無微不至的呵護下，慢慢長大，今年已經八歲了，長得聰明伶俐又可愛，和其他的小孩玩在一起，楊媽媽每天看著她，又是疼惜。閱讀本文，作者流暢的文筆留給讀者深刻的印象。

4　摘要「文章大意」教學

　　Brown 和 Day（1983）提出摘要策略教學的原則，其教學步驟為：一、刪除瑣碎的細節；二、刪除重覆的訊息；三、以概括性的類別取代一系列的名詞；四、以概括性的類別取代一系列的動詞；五、選擇主題句；六、創造主題句。上述六個步驟可再歸納為「刪除、歸納、找出主題句」的摘要步驟，目的是找出文章重點，對於理解文章有很大的助益。

〈楊媽媽和她的子女們〉一文的摘要：

第一段　楊媽媽和她的子女們

第二段　白雲深處有人家

第三段　楊媽媽是大家的媽媽

第四段　大自然就是我們的希望

第五段　我是隻小小鳥

第六段　你們若不回歸孩子的樣子，就不能進我的國

第七段　思天下有饑者也，猶己饑之也

　　閱讀文章的摘要，不但可以引起學生學習的興趣，還能從回答過程中，培養學生分析摘要的品質，進而再學習潤飾摘要的能力。「主動」摘取課文大意，只要按圖索驥寫出關鍵語詞，就是正確答案了。另一方面，教師備課時的「課文大意」部分也可以減少時間和負擔，但也逐漸缺少省思自我的閱讀摘要能力，與摘要教學技巧的能力。例如、第五段「我是隻小小鳥」是描寫楊恩典的故事，此段文句的描寫：「楊恩典很沉默，他彷彿感知自己的命運，那一天下午我坐在花架下，突然聽到他用稚嫩的童音唱著：『我是隻小小鳥，飛就飛，叫就叫，自由逍遙，我不會有煩惱，我不會有悲哀，只是常歡笑。』看著花架上的紅花綠葉，我整個胸腔都為之翻動起來。」因此第五段即可以「我是隻小小鳥」來詮釋，由此可見，不論是老師或學生，都能確實學習摘要的能力，對於之後閱讀程度較深的文本，就能掌握重點，歸納整理，更容易理解文本內容，理解能力自然就能提升。

5　閱讀心得寫作教學

　　Goodman（1996）指出，閱讀是書寫的接收層面，寫作則是書寫

的表達層面，兩者互為因果，亦即閱讀可以促進寫作，寫作也可以引發閱讀。楊裕貿（1996）認為，心得寫作是指讀者在閱讀以後，記錄自己的認知、感想、體會與收穫等，也就是「讀後感」；他也指出，閱讀能力直接影響學童的心得寫作表現。林玫伶（2005）則認為「閱讀心得」和「讀後感想」的意思相同，都必須經過閱讀，產生心得感想，再寫作的歷程。

分組活動報告

1. 本文主要在傳達什麼道理？作者舉了那些例證？
2. 本文中楊媽媽犧牲奉獻的大愛精神，你覺得容易推行到現今的社會大眾嗎？請說明理由？
3. 文中所敘述楊恩典奮鬥的故事，對於生命意義的價值觀給予你什麼啟發？請說明你的看法？
4. 本文反映了弱勢族群的辛苦，應如何發揮愛心去關懷他們？請說明你的做法？
5. 當你走在路上看到孤獨老人、身心障礙者，需要你幫忙，請問你會立即伸出援手或是袖手旁觀？請說說你的看法？

延伸思考：人文觀照與省思

1. 幼吾幼以及人之幼的體現

   老吾老以及人之老，幼吾幼以及人之幼。（出自《孟子·梁惠王上》）
2. 少者懷之的實踐

   子曰：「老者安之，朋友信之，少者懷之。」（出自《論語·公冶長》）

3. 惻隱之心的彰顯

　　孟子曰：「惻隱之心，仁之端也；羞惡之心，義之端也；辭讓之心，禮之端也；是非之心，智之端也。人之有是四端也，猶其有四體也。」（出自《孟子・公孫丑上》）

4. 仁民愛物的襟懷

　　孟子曰：「親親而仁民，仁民而愛物。」（出自《孟子・盡心上》）

5. 助人為樂的表現

　　青年守則第八條：「助人為快樂之本。」

　　本單元選擇「報導文學」作為主要閱讀文類。透過作者親歷（或採訪）的書寫紀錄，學習「文獻蒐羅驗證」（求真），「口述資料整理」（求實）與「敘事剪裁的寫作技巧」（求美）。藉由閱讀報導文學，可以培養學生宏觀的視野與慈悲的人文情懷。

　　德國哲學家尼采（Friedrich Wilhelm Nietzsche, 1844-1900）說：「受苦的人沒有悲觀的權利」，楊恩典一生奮鬥的歷程，可以說是這句話的最佳注腳。她失去了雙臂，但從來不怨天尤人，反而激勵自己克服萬難，向命運挑戰，終於皇天不負苦心人，她昂首闊步的開創出自己光明的天地，並以彩筆繪出美麗的畫冊，此種堅忍不拔的毅力，以及樂觀進取的人生態度，不但令四肢健全的我們感佩不已，更應該學習此種樂觀進取的態度，知福、惜福、造福，對有先天疾病與缺陷的人們，是不是應該發揮愛心，伸出溫暖的手去扶持他們，並多關懷弱勢族群，讓他們能度過人生的苦難。

　　天生我才必有用，人的可貴，在於肯定自我，創造自己光明的未來。英國學者達爾文（Charles Robert Darwin, 1809-1882）曾說：「樂觀是希望的明燈，它指引著你從危巖峽谷中步向坦途，使你得到新的生命，新的希望。」一個人若對逆境抱著樂觀的心情去面對，可以在

人生的不幸中看到好機會。因此，在人生成長的途徑中，能經得起順境、逆境的各項考驗，嘗試到人生酸甜苦辣的滋味後，使少不經事的心志逐漸茁壯，如此才能夠航向人生成功的彼岸。

表五　心得寫作報告（小組學習單、個人學習單）
閱讀心得寫作範例一

閱讀心得寫作範例二

小組學習單		學系班級：▨▨▨
		第 5 組 / 記錄：
學號 / 姓名	學號 / 姓名	學號 / 姓名
▨▨▨	▨▨▨	▨▨▨
▨▨▨	▨▨▨	▨▨▨
單元名稱：		日期：107 年 5 月 18 日

1、作者告訴我們的是傳播大眾無私的愛，媽媽的愛。「另外，我們也種香菇、木耳和水果，以及養魚養豬，能想到的都去做，希望能給孩子們更好的生活，希望能收容更多無家的孤兒。」「我們還是希望用自己的力量來養育這些孩子。」因此，他們省吃儉用，以供給到附近遊覽的觀光客休息，用賺來的錢維持龐大的家計。○

2、不容易，因為現在大部份的人缺乏同情心和耐心，也懶得付出時間。○

3、上帝為你關上一道門，必定會替你開啟一扇窗，楊恩典並不會自怨自艾，努力證明自己的價值，並且發揮自己的最大值！○

4、可以利用空閒時間去參與公益活動，例如陪伴身心障礙族群，給予他們關懷○

5、先詢問他們是否需要幫忙，適時的伸出援手幫助他們。○

傳分達摯 頗有見地 A+

閱讀心得寫作範例三

個人學習單

班級	運學手	學號	二1	姓名	三運一手

單元名稱： 白雲深處有人家（第一組）　　　**日期：** 107年5月11日

此段標題為「白雲深處有人家」呼應了杜牧的作品〈山行〉的詩句，描述了作者從高雄搭客運到大甲，從前後的山，從道後的山，幽深處的景物，一點一點的描繪出其境力。這片即膚同知家土，到達首幽深之美景之美。使山往的優美林自然，使讀者們滿了生命，最後有提到希望，希望荒涼貧瘠，無人同知家土的，更多挖持。

另外是人鄉當你踏入這片土地，當然帶著出自己屬情，因為他是一點一點為化心，在他們相信，更下堅持的，楊媽媽這片土地用新擴光與石頭，建立起熱烈，並且揮出一趟，就是一點一點為無限，地上搬念，這傷希望延續下去，將希望延續下去。

評語： 引證譬喻生動流利　　A+

閱讀心得寫作範例四

個人學習單

單元名稱：楊媽媽和她的子女們　　　　日期：107年5月17日

　　因為楊媽媽無私的愛，照亮了很多「博愛孤兒」，也是作者想傳達的主旨。

　　作者從大自然邊至遠的景色，而蒼茫間孩子，作者隱喻他們充滿在楊媽媽的愛裡成長茁壯，喧鬧充滿在楊媽媽笑聲環繞的山莊。

　　即使有很多小孩要撫養，生活領上連無照顧，吃飯都有問題，但她卻顧，也細心能為養的跟正常有名的教養一樣的人認教導下，讓無依無靠的生活甚至孩子還成家。

　　反之，富裕的現今社會的人們，即使不是有、生意去幫善那些良的人，遠說卻些勢族群私自私自利，但還有義賣、義行、為大人那些志工他們對家都說：「台灣最漂亮的風景是人。」

評語：希望這段話能永遠存在，實現在這社會中。

內容詳實流暢

A⁺

　　讀後感是在「閱讀」後引發「感想」，須確實閱讀完整篇文章，掌握主題、內容、立意，下筆時最好先簡述文章重點、大要，但不是重新覆述。重點在「感想」，所以必須以感想為主，要有深刻體會及獨到的見解，發人所未發而且合情合理，才是最好的讀後感。「聽、讀」是語言文字的輸入，「說、寫、作」是語言文字的輸出。（方麗娜，2003）除了觀察學生在課堂的「說、作」以外，從學生習寫閱讀文章後的心得感想，亦能評量學生的閱讀學習情形。檢視〈楊媽媽和她的子女們〉一文，與學生共讀、討論、分享，及指導習寫心得感想的歷程，深深覺得，閱讀之後，如果能和別人分享閱讀的心得，能共同討論閱讀的內容，這應該就是曾子所說：「以文會友，以友輔仁」的快樂。

四　結語

　　本研究採用交互教學的原則，在單一閱讀理解策略教學研究外，融合多種閱讀理解策略的教學。根據二〇〇六年的促進國際閱讀素養研究（Progress in International Reading Literacy Study，簡稱 PIRLS）的定義，S 讀者必須具備下列的閱讀素養（Reading Literacy）：素養一：能夠理解並運用書寫語言的能力；素養二：能夠從各式各樣的文章中建構出意義；素養三：能從閱讀中學習；素養四：參與學校及生活中閱讀社群的活動；素養五：能夠由閱讀獲得樂趣。亦即閱讀素養從基礎的運用書寫能力開始，進而建構意義、閱讀學習、參與社群活動到最高境界樂在閱讀。本單元的教學活動將師生共讀討論、分享心得感想列為重要的閱讀課程，包括寫心得感想、學生分組討論時的口語表達，著重於學生對於文本的理解與觀點。蒐集學生的閱讀學習單，分析本研究的閱讀教學設計是否適合學生的學習程度。在閱讀教

學活動後，學生是否確實學習閱讀理解策略，並能靈活運用。若能培養學生廣泛閱讀、討論、分享的習慣，日積月累，必能培養出言之有據、條理分明、又具多元觀點的成熟讀者，這也是閱讀理解策略重要的教學目標。

臺灣 IC 教父張忠謀說：「一輩子最難忘的，還是美國哈佛大學第一年的人文教育。不但開啟了西洋古典文學的堂奧，更體驗了什麼才是『活的學問』，也就是透過觀察、閱讀、學習、思考和嘗試這五部曲，不斷在現實中找線索，發掘問題、思索對策，進而完成任務。」因為博雅的閱讀，不但使張忠謀成為一位全方位的企業領袖，更證明了閱讀是可以帶走的饗宴（《天下雜誌》，2002）因此在科技文明一日千里的時代裡，多元的閱讀不但可以增長見聞，更可以拓展宏觀的視野。英國教育部長布朗奇（David Blunkett）說：「每當我們翻開書頁，等於開啟了一扇通往世界的窗，閱讀是各種學習的基石。在我們所做的事情中，最能解放我們的心靈的，莫過於學習閱讀。」（《天下雜誌》，2002年）正說明了閱讀是心與心的交流，是保持生活躍動，永不寂寞的妙方。閱讀書籍、探索知識，乃是激發自己潛能及創造思考的原動力。有一句話說：「昨日已成歷史，明日仍是未知，而當下是上天給的禮物。」活在當下，更可以超越時間的局限，而在時代的洪流中，留下屬於自己的印記，因此希望大家要培養閱讀的習慣，努力充實自我，使自己成為知書達禮具有全方位能力的時代青年，進而營造一個溫馨和諧的書香社會。

徵引文獻

一 中文文獻

王瓊珠：《故事結構教學與分享閱讀》，臺北：心理出版社，2010年。

方麗娜：〈交際法在對外華語文教學上的運用研究——以初級綜合課為討論範疇〉，國立高雄師範大學《高雄師大學報》第15期（2003年）。

李宗定教授等編輯：《揮灑生命的五色筆——走進悅讀與舒寫的世界》，實踐大學高雄校區，2016年。

林清玄：《永生的鳳凰》，臺北：九歌出版社，1982年。

林玟伶：《閱讀心得寫作王——教你寫閱讀心得》，臺北：康軒文教，2005年。

林佩欣：《交互教學法對國中學習障礙學生閱讀理解學習效果之研究》，彰化師範大學特殊教育研究所碩士論文，2004年。

林素秋：《閱讀理解策略教學成效之行動研究：以國小中年級弱勢低閱讀能力學童為對象》，屏東教育大學教育行政研究所博士論文，2013年。

柯華葳：《教出閱讀力》，臺北：天下雜誌公司，2006年。

柯華葳：《培養 SUPER 小讀者》，臺北：天下雜誌公司，2009年。

Ken Goodman 著，洪月女譯：《談閱讀》，臺北：心理出版社，1998年。（原著出版年：1996）

許淑玫：〈談閱讀理解的基模理論〉，《國教輔導》42(5)（2003年）。

陸怡琮：〈摘要策略教學在屏東縣國小五年級的實施成效之研究〉，教育部閱讀教學策略開發與推廣計畫，屏東市：屏東教育大學，2009年。

陸怡琮：〈摘要策略教學對提升國小五年級學童摘要能力與閱讀理解的成效〉，《教育科學研究期刊》56(3)（2011年）。

楊裕貿：《臺灣省中部四縣市國小六年級學童之應用文寫作能力調查研究》，臺中師範學院國民教育研究所碩士論文，1996年。

齊若蘭：〈新一代知識革命〉，《天下雜誌》263期，《海闊天空教育特刊》，2002年11月15日。

謝進昌：〈有效中文閱讀理解策略〉，《教育科學研究期刊》第60卷第2期（2015年）。

二　英文文獻

Brown, A. L., & Day, J. D. (1983). Macrorules for summarizing text: The development of expertise. Journal of Verbal Learning and Verbal Behavior, 22(1), 1-14.

Block, C. C., Parris, S. R., Read, K. L., Whiteley, C. S., & Cleveland, M. D. (2009). Instructional approaches that significantly increase reading comprehension. Journal of Educational Psychology, 101(2), 262-281. doi:10.1037/a0014319

Coté, N., & Goldman, S. R. (1999). Building representations of informational text: Evidence from children's think-aloud protocols. In H. van Oostendorp & S. R. Goldman (Eds.), The construction of mental representations during reading (pp. 169-193). Mahwah, NJ: Lawrence Erlbaum Associates.

Graesser, A. C., Singer, M., & Trabasso, T. (1994). Constructing inference during narrativetext comprehension Psychological Review,3, 371-395.

Hare, V. C., & Borchardt, K. M. (1984). Direct instruction of summarizeation skills. Reading Research Quarterly, 20(1), 62-78. doi:10. 2307/747652

Marksberry, M. L. (1979). Student questioning: An instructional strategy. Educational Horizons, 57(4), 190-195.

Mayer, R. E. (1996). Learning strategies for making sense out of expository text: The SOI model for guiding three cognitive processes in knowledge construction. Educational Psychology Review, 8(4), 357-371. doi:10.1007/BF01463939

McCardle, P. D., Chhabra, V., & Kapinus, B. A. (2008). Reading rese-arch in action: A teacher's guide for student success. Baltimore, MD: Paul H. Brookes.

National Reading Panel [NRP] (2000). Teaching children to read: An evidence-based assessment of the scientific research literature on reading and its implication for reading instruction. Retrieved from https://www.nichd.nih.gov/publications/pubs/nrp/documents/ report.pdf

NICHD (2000) Report of the National Reading Panel: Teaching Children to Read NRP (2000). Report of the National Reading Panel "Teaching Children to Read". Summary report. National Reading Panel. http://www.nationalreadingpanel.org/publications/ nrpvideo.htm

Palinscar, A. S., & Brown, A. L. (1984). Reciprocal teaching of compre-hension-fostering and comprehension-monitoringactivities. Cognition and Instruction, 1(2), 117-175

PIRLS (2006). Assessment framework and specifications (2nd ed.)

Stein, N. L., & Glenn, C. G. (1979). An analysis of story comprehend-sion in elementary school children. In R. O. Freedle (Ed.), New directions in discourse processing (Vol. 2, pp. 53-120). Norwood, NJ: Ablex.

Snow, C. (2002). Reading for understanding: Toward an R&D program in reading comprehension. Santa Monica, CA: RAND.

Shanahan, T., Callison, K., Carriere, C., Duke, N. K., Pearson, P. D., Schatschneider, C., & Torgesen, J. (2010). Improving reading comprehension in kindergarten through 3rd grade: A practice guide (NCEE 2010-4038). Washington, DC: National Center for Education Evaluation and Regional Assistance, Institute of Education Sciences, U.S. Department of Education

van den Broek, P., Fletcher, C. T., & Risden, K. (1993). Investigations of inference processes in reading: A theoretical and methodological integration. Discourse Processes, 16, 169-180.

三　網路資料

六龜山地育幼院 http://www.cmchtw.org.tw/

林清玄維基百科 https://zh.wikipedia.org/wiki/

柯華葳（2008）。閱讀策略教學說明。取自 http://140.115.107.17:8080/ RST/data/user/admin/files/200811140856 210.pdf。

楊恩典維基百科 https://zh.wikipedia.org/wiki/

附錄

〈楊媽媽是大家的媽媽〉

嚐遍了二十七年艱辛的楊媽媽，現在年紀已經不小了，但是身體還是相當勁健，她像臺灣農村裡那些長久為愛付出的村婦，那樣親切、純樸而動人。她的聲音因為教育一百多名兒女而沙啞了，卻依然是虔誠而有力量。

楊媽媽本名叫林鳳英，從小生在山林，她是新竹山地裡的泰耶魯族人，和她的族人一樣，楊媽媽的童年和少女時代過得相當貧窮艱苦，必須用很多的勞力工作才能換取三餐的溫飽，那時，她對未來生活雖有滿懷憧憬，卻因為生在那樣的環境裡不敢有任何奢想，她單純地過著山居的日子，一直到遇見楊熙牧師，整個生活才起了微妙的改變。

她談起她和楊熙牧師初識的日子：「那時他在臺中師範教書，常利用課餘的時間到山上來佈道，他把薪水都用來濟助貧苦的人，我就是因為家裡接濟而認識他的，後來我常陪他到各地去奔跑，我覺得他是個偉大的人，我向他學習幫助別人，我們結婚那年是民國四十七年，我才十七歲。」

談起那段愛情，沒有什麼驚濤駭浪，它是那樣平淡，平淡得如一泓溪水，楊媽媽掩不住喜悅，臉上的神情像溪水一樣清澈。

「認識他以後，我才真正看清了山地人的生活是多麼的苦，尤其是許多可憐的沒有父母的小孩。我希望為我的同胞做一點事，但是那時還不知道要做什麼，要怎麼做，只希望將來有機會做……」

後來，楊牧師調到了六龜鄉，他們終於開始做了，四十二年他們

的第一個兒子出生，取名楊子江，楊媽媽同時收養了一個啞女，取名林路得，同時哺育兩個子女——一個是親生的，一個是收養的，她一視同仁，付出同等的愛。

那時楊牧師主持六龜教會，楊媽媽在教會當護士，山胞的孩子生得多，有時生了六、七個，山地沒有醫療設備，他們常把病兒送到教會醫治，有時丟下孩子，人就跑了，有的是被丟在荒山裡的棄嬰，路人抱來教會，孩子來了總不能不管呀，來一個養一個，來兩個養一雙，民國五十七年，他們已經有十七個兒女了，可是，教會這麼小，收入這麼微薄……楊媽媽引了聖經裡的一段話說：「這些事，你們既做在我弟兄中最小一個的身上，就是做在我的身上了。」

楊牧師夫妻倆覺得兒女們生長在教會不是長久之計，開始尋找孩子們的安身之地，最後終於以最便宜的價錢標到了一塊荒地——這期間他們又收了七個兒女。他們帶著二十四個子女和兩條土狗，從教會搬家到沒有人煙，只有鳥聲；沒有鄰居，只有山林的「家」。

楊媽媽永遠記得帶領這群孩子渡河登山，擁著他們說：「孩子，這就是我們的家。」那種在荒涼中帶著希望的情景。

〈我是隻小小鳥〉

想起從前，楊媽媽為了整地，為了給兒女吃穿，她常常變賣飾物，最苦的時候甚至把結婚戒指都賣掉了，然後就是到處借貸，有了錢再還。她對孩子們的愛的確讓人感動，而她的愛是自然流露出來的，我們從她收養的一個女孩，可以了解她辦育幼院的心情。

民國六十二年的婦女節，是個刮大風下大雨的日子，楊媽媽正在家裡帶小孩，突然接到高雄岡山警察局的電話，她拿著一把雨傘匆匆趕出門，搭車前往岡山。

　　原來有一位岡山鎮民在菜市場上撿到一個女嬰，長得很漂亮，本來想帶回家自己養，沒想到打開布包卻是沒有雙臂的女嬰，只好把她送交警察局。警方開始打電話到各地的孤兒院，並且張貼領養告示，都因為沒有雙臂而無人認養，女嬰在警局裡三天，他們才試探性地打電話給楊媽媽。

　　坐在六龜往岡山的客運車上，楊媽媽心裡一直在掙扎，她想：「小女孩才生下三天，又沒有雙手，我恐怕不能養，不能要她！」

　　可是當她坐在岡山警察局裡看到那個女嬰，忍不住流下淚來，說：「我要了。」

　　楊媽媽對我說：「她那麼可憐，我不要，誰會要呢？而且，人一生下來就是神的恩典，任何生命都不能放棄。」回到育幼院，楊媽媽便為這個無臂的女嬰取名叫「楊恩典」，她用幾倍於其他小孩的心力照顧她，教她用腳拿毛巾擦臉，拿茶杯喝茶，甚至拿毛巾洗臉，拿牙刷刷牙。

　　楊恩典在無微不至的呵護下，慢慢長大，今年已經八歲了，長得聰明伶俐又可愛，和其他的小孩玩在一起，楊媽媽每天看著她，又是疼惜，又是喜悅。育幼院除了楊恩典是殘障，還有幾個低能的孩子，楊媽媽花在他們身上的愛特別彰顯，她說：「任何一個孩子生下來都應該有衣穿，有飯吃，有屋住，有玩具，應該受教育，應該有人愛他們……」

　　楊恩典很沉默，她彷彿感知自己的命運，那一天下午我坐在花架下，突然聽到她用稚嫩的童音唱著：「我是隻小小鳥，飛就飛，叫就叫，自由逍遙，我不會有煩惱，我不會有悲哀，只是常歡笑。」看著花架上的紅花綠葉，我整個胸腔都為之翻動起來。

十二年國教課綱「核心素養」 融入國語文教學*

一 前言

面對多元文化社會的變遷，我們必需提供多樣化的教材，引領學生懂得明辨是非、思考問題，有能力活用知識來解決問題。在推動國際教育改革與公民關鍵能力上，聯合國教科文組織（UNESCO）於一九九六年中提出「四大學習支柱」：學習認知（learning to know）；學習做事（learning to do）；學習與他人相處（learning to live together）；學習自我發展（learning to be）（UNESCO, 1996）。2003年增加了學習改變（learning to change），知識社會的學習尤重培養能力的學習，這種能力發展導向的學習已廣受 UNESCO、經濟合作暨發展組織（Organization for Economic Cooperation and Development, OECD）及歐盟國家重視（吳明烈，2005，2009）。

美國學者 Jones 與 Voorhees（2002）的研究中指出：「能力」是整合技能、能力、知識在相關工作上交互作用所蒐集到的學習經驗之結果。國內學者陳伯璋、張新仁、蔡清田與潘慧玲（2007）的共同研究報告中使用「國民核心素養」一詞，認為一般臺灣人民於十八歲完成中等教育時，能在臺灣的社會文化脈絡中，成功的回應情境中的要求與挑戰，順利完成生活任務並獲致美好的理想結果之所應具備的素

---

* 本文刊載於二〇一九年三月《商業職業教育》季刊。

養。（蔡清田，2014）後續國教院委由蔡清田、林永豐等人於二〇一一至二〇一三年期間進行核心素養相關研究，進而主持撰寫「十二年國民基本教育課程體系發展指引」。可見十二年國民基本教育課綱的「核心素養」，是順應世界教育改革潮流與融和中外專家學者的教育理念而成。德國大哲學家康德（Immanuel Kant, 1724-1804）強調：「好教育即是世界上一切善的泉源」，的確，唯有掌握現在的契機，才能因應未來國際地球村的變遷。本文希望藉由十二年國教課綱所蘊涵的「核心素養」教育理念，適切融入國文領域教學中，以增進學生公民意識與社會參與能力。

二　國語文核心素養

　　「核心素養」是指一個人為適應現在生活及面對未來挑戰，所應具備的知識、能力與態度。「素養」同時涵蓋 competence 及 literacy 的概念，是指一個人接受教育後學習獲得知識、能力（ability）與態度，而能積極地回應個人或社會生活需求的綜合狀態。素養中擇其關鍵的、必要的、重要的，乃為「核心素養」。（教育部，2014）「核心素養」強調學習不宜以學科知識及技能為限，而應關注學習與生活的結合，透過實踐力行而彰顯學習者的全人發展。核心素養強調培養以人為本的「終身學習者」，並與「自發、互動、共好」的基本理念相連結，提出三大面向、九大項目，茲參考教育部〈十二年國民基本教育課程綱要總綱〉（教育部，2014）臚列如下：

三大面向：
（一）自主行動：身心素質與自我精進、系統思考與解決問題、
　　　規劃執行與創新應變。

（二）溝通互動：符號運用與溝通表達、科技資訊與媒體素養藝術涵養與美感素養。

（三）社會參與：道德實踐與公民意識、人際關係與團隊合作、多元文化與國際理解。

九大項目：

（一）「身心素質與自我精進」、（二）「系統思考與解決問題」、

（三）「規劃執行與創新應變」、（四）「符號運用與溝通表達」、

（五）「科技資訊與媒體素養」、（六）「藝術涵養與美感素養」、

（七）「道德實踐與公民意識」、（八）「人際關係與團隊合作」、

（九）「多元文化與國際理解」。

綜合上述，可知素養導向教學強調知識與情境脈絡之間的連結，在課程與教學中並不排斥學科內容，而是強調透過與情境脈絡的連結，來建立學習意義，並有助於將所學應用到所需要的情境。（蔡清田，2014）「核心素養」的三大面向九大項目，與「全人教育」的理念可以相輔相成。黃俊傑教授根據儒家的觀點指出，「全人教育」包括三個互有關聯並交互滲透之層面：一、身心一如：人的心靈與身體不是撕裂而是貫通的，不是兩分的而是合一的關係；二、成己成物不二：人與自然世界及文化世界貫通而為一體，既不是只顧自己福祉的自了漢，也不是只顧世界而遺忘個人的利他主義者，而是從自我之創造通向世界之平治；三、天人合一：人的存在既不是孤零零的個體，也不是造物者所操弄的無主體性之個人，而是具有「博厚高明」的超越向度的生命。（黃俊傑，2004）正說明了全人教育是開啟學習者心中自我覺醒之門——道德、文化、生態保育、經濟、專技與政治的自覺。而課程內容是跨學科的，係從社群整體，也從地球整體的觀點來考

量，是人類精神最大的激動力。（陳能治譯，2000）可見全人教育的
目標，與國家社會的進步發展有著休戚與共的關係。「核心素養」涵
蘊個人知識的精進，創意的思考能力，良好的人際溝通能力，倫理道
德的陶冶，進而培養宏觀的視野，以及具有放眼天下的國際觀。可見
「核心素養」的觀點與全人教育的旨趣有異曲同工之處。

三　「核心素養」融入國語文教學

　　十二年國教課綱的「學習重點」分成「學習內容」及「學習表
現」兩個層面。「學習內容」比較偏向學習素材部分，「學習表現」比
較偏向認知歷程、行動能力、態度的部分，二者並不是此次課綱的新
創，現行高中課綱就包含教材綱要、核心能力等，但通常大家都只看
教材綱要而忽視了核心能力。新課綱以「學習重點」進行整合，需將
「學習內容」與「學習表現」結合編織在一起，構築完整的學習。如
何將「核心素養」融入國語文教學，宜注意下列原則：把知識、技
能、態度整合在一起，強調學習是完整的，不應只偏重知識方面。結
合情境、案例、現象進行學習，更朝向理解的學習、意義感知的學
習。課程規劃及教學設計須把學習內容與探究歷程結合在一起，不只
是給魚吃，更要教釣魚的方法，陶養學生成為終身學習者。強調實踐
力行的空間，讓學生可以整合所學加以表現，是「做中學、學中做」
的靈活運用、整全表現與反思辯證。（范信賢、陳偉泓，2016）透過
各領域的內涵來體現、落實總綱核心素養的精神。素養導向教學應從
培養國語文聽、說、讀、寫的基本能力著手，結合文字、文本、文化
三大學習內容，發展不同取向之教學內容。茲述「核心素養」融入高
中職國語文教學的案例，如下：

（一）閱讀經典文學，以提升身心素質與自我精進

英國牛津大學副校長理查・溫恩・黎芬司東爵士（Sir Richard Winn Livingstone, 1880-1960）在他所著《一個動盪世界的教育》一文中說：「教育應以養成德操為第一要務；而德操的養成在使學子多看人生中偉大的事情，多識人性中上上品的東西。人生和人性的上上品，見於歷史和文學中的很多，只要人們知道去找。」（江雲鵬，1993）所以在教材方面，應多引用對社會人心有助益之經典文學，連結實際的情境脈絡，讓學生提升身心素質與自我精進、進而能夠思考問題與解決問題。茲引〈赤壁賦〉所述為例：

> 蘇子曰：「客亦知夫水與月乎？逝者如斯，而未嘗往也；盈虛者如彼，而卒莫消長也。蓋將自其變者而觀之，則天地曾不能以一瞬；自其不變者而觀之，則物與我皆無盡也，而又何羨乎！且夫天地之間，物各有主；苟非吾之所有，雖一毫而莫取。惟江上之清風，與山間之明月，耳得之而為聲，目遇之而成色，取之無禁，用之不竭，是造物者之無盡藏也，而吾與子之所共適。」

〈赤壁賦〉一文，是蘇軾透過面對山水、緬懷歷史，因而興發的人生感觸和領悟。作者於宋神宗元豐五年七月十六日，與客泛舟遊於赤壁，欣賞江山風月之美景，感悟宇宙人生之無常；文中借曹操一生事功之起伏，來說明宇宙人生「盛衰消長」的道理，這種頓悟是受了莊子「物固自化」思想的影響。東坡才氣縱橫，可惜懷才不遇，一生宦海浮沈，頗不得志，但他卻能突破人生的困境，以開朗豁達的襟懷，面對人生諸多的挑戰，因而寫出豪邁飄逸的不朽作品。在〈赤壁賦〉一文中，東坡以「寄蜉蝣於天地，渺滄海之一粟」，對比「一世之

雄」，給予讀者一個值得省思的問題，人生於世究竟如何界定生命的
意義？是藉「立德、立功、立言」三不朽以成名，還是孔子所說：
「君子疾沒世而名不稱焉」（《論語・衛靈公》），反觀古往今來迷失在
名利的漩渦中，而無法自拔的人比比皆是。在爭權奪利的擾攘紅塵
裡，甚至於因而精神崩潰，這不就是「煩惱皆因強出頭」所致嗎？引
導學生研讀〈赤壁賦〉一文，可以學習蘇軾樂觀曠達、超然物外的人
生態度，進而可以培養學生以「淡泊以明志，寧靜以致遠」的襟懷，
來突破眼前的困境，以提升身心素質與自我精進，使自己成為有智慧
而又快樂的現代人。

（二）闡揚儒家思想，以推動道德實踐與公民意識

《禮記・禮運》開宗明義篇提出大同世界，記敘孔子慨嘆魯國禮
義衰壞，因而提出「天下為公」的理想世界。流露出孔子嚮往「大同
之治」之情懷，也代表了儒家政治的最高境界。在禮的倫理教化中，
蘊涵敬、孝、悌、慈、惠等美德，推而廣之，普及於弱勢族群的照顧
問題。孟子也說：「老吾老以及人之老，幼吾幼以及人之幼。」（《孟
子・梁惠王》）從家庭中「父子有親，夫婦有別，長幼有序」等倫理
道德，推展至社會上的「君臣有義，朋友有信」的倫常道德，來凝聚
族群力量，進而建立一個人人敬老，人人愛幼，到處充滿溫馨和諧的
理想社會。茲引〈大同與小康〉所述為例：

> 大道之行也，天下為公，選賢與能，講信修睦。故人不獨親其
> 親，不獨子其子，使老有所終，壯有所用，幼有所長，矜寡孤
> 獨廢疾者，皆有所養；男有分，女有歸；貨惡其棄於地也，不
> 必藏於己；力惡其不出於身也，不必為己。是故謀閉而不興，
> 盜竊亂賊而不作，故戶外而不閉，是謂大同。

這是儒家所建構天下成為全民所共有，選舉賢能的人來治理社會國家，大家能夠講求信用，和睦相處，人人不只親愛自己的父母、不只撫育自己的子女，更推而廣之，使天下所有老年人都到贍養，幼兒能得到妥善的撫育，天下孤苦無依以及殘疾的人都能得到國家的照顧，人人能安居樂業的「大同」世界。其中所揭示的「老有所終」的理念，是大同世界社會關懷的指導原則，引導全民懂得敬老、愛幼，營造一個溫馨和諧的理想社會，發揚民胞物與之德澤，更彰顯了孔子關懷天下蒼生，期盼使「老者安之，朋友信之，少者懷之。」的遠大志向（《論語‧公冶長》）。「大同與小康」的思想，所揭櫫的就是一個理想的政治形態，反映了儒家仁民愛物的政治理想，對我國歷代政治的發展有深遠的影響力。期盼在資訊科技文明發達，而人文思想日益低落之現代社會中，借著〈大同與小康〉文本的講解，引導學生能夠重視傳統禮教的價值觀，體現儒家思想的精髓，將本文所蘊涵的社會關懷，推動到道德實踐與公民意識上，進而提升學生的人文素養。

（三）閱讀山水遊記，以提升藝術與美感素養

張潮在《幽夢影》中說：「文章是案頭之山水，山水是地上之文章。」山水遊記是作者親身遊歷的記錄。題材通常取自旅途中所見所感的自然風物與人文景觀，內容則可分為：記敘、抒情、寫景、議論等作法。晚明清新動人的小品文興起，與唐宋記敘、抒情、說理兼容並蓄的遊記風格迥異，別有一番情趣。晚明小品文的山水遊記大都是短篇，每每只寫一景，而合若干短篇可以成為一長篇。例如、袁宏道《西湖雜記》有十六篇，分時分景而記，如〈初至西湖記〉、〈晚遊六橋待月記〉、〈雨後遊六橋記〉、〈斷橋〉、〈西陵橋〉、〈孤山〉、〈飛來峰〉等。短者數十字，長者二、三百字，各為一獨立文章，可說是組合式遊記。茲引袁宏道〈晚遊六橋待月記〉所述為例：

西湖最盛，為春為月。一日之盛，為朝煙，為夕嵐。

今歲春雪甚盛，梅花為寒所勒，與杏桃相次開發，尤為奇觀。

石簣數為余言：「傅金吾園中梅，張功甫玉照堂故物也，急往觀之。」余時為桃花所戀，竟不忍去湖上。

作者記敘春遊西湖的景色，題曰「待月」，卻以虛筆帶過，呈現出作者特殊的景物觀照。並以開門見山的筆法，描寫西湖最美的景致是在春天與月夜，那一年晚開的冬梅與春天的桃杏一齊綻放，造成了奇特的景致。而這樣美麗的「奇觀」怎麼能不讓人「急往觀之」呢？「西湖之盛，為春為月」，便點出春天、月夜是西湖風景最殊盛之處。「一日之盛，為朝煙，為夕嵐」以概括性的筆調，寫出了晨曦、晚霞的湖光水色，使西湖染上一層迷濛的美感。接著寫「梅花為寒所勒」，因此延遲開放，才會出現梅花和杏花、桃花同時盛開的奇景，此時西湖的景色真可說是繁花似霧、美不勝收。其中的「勒」字，以擬人化的方式來表現，使文章呈現了鮮活的情調。兼顧學習的內容與學習表現，以彰顯核心素養乃包含知識、技能、情意的統整能力。因此由文本的講讀可以延伸至「西湖十景、詠西湖梅、詠杏花、詠桃花」詩句的賞析，例如：歐陽修《西湖》：「菡萏香消畫舸浮，使君寧複憶揚州。都將二十四橋月，換得西湖十頃秋。」、《詩經》：「桃之夭夭，灼灼其華；之子于歸，宜其室家。」、林逋〈梅花〉：「眾芳搖落獨暄妍，占斷風情向小園；疏影橫斜水清淺，暗香浮動月黃昏。」等詩句，沈潛在詩詞的領域中，那綺麗的千古絕唱導入心田，可以怡情養性，啟迪人生，以提升藝術與美感素養。〈晚遊六橋待月記〉記作者春遊西湖的景色，題曰「待月」，卻以虛筆帶過，呈現出作者特殊的景物觀照。閱讀山水遊記，感受「看山是山，看水是水」的意境，心凝形釋與萬化冥合，可以提升藝術與美感素養。

（四）閱讀古典小說，理解多元文化與學習創新應變

　　文學作品提供一種對人生的洞視與觀察，以及人生信念的探索。帶領學生與經典對話，可從文學閱讀中涵養智慧，並從作品中找出超越時代，屬於永恆普遍人性的價值與生命關懷。並認為「活化經典、與經典對話，增進自我察覺、喚醒情意感受，應是文學教育最核心的關注。」（黃美玲，2010）這的確是深中肯綮之言。我國著名的經典小說《紅樓夢》，長達一百二十回，一篇選文難以體現它的博大精深。《紅樓夢》是一部以發展人物性格為創作核心的生命美學小說，曹雪芹以細膩寫實的文筆與一生血淚的經歷，寫下感人肺腑的巨著，全書高潮迭起，寓意深遠，受到中外讀者的喜愛，更造成紅學的炫風及潮流。茲引第五十六回〈敏探春興利除宿弊　賢寶釵小惠全大體〉所述為例：

　　探春又接說道：「俗們這個園子，只算比他們的多一半。加一倍算起來，一年就有四百銀子的利息。若此時也出脫生發銀子，自然小氣，不是俗們這樣人家的事；若不派出兩個一定的人來，既有許多值錢的東西，任人作踐了，也似乎暴殄天物。不如在園子裡所有的老媽媽中，揀出幾個老成本分，能知園圃的，派他們收拾料理。也不必要他們交租納稅，只問他們一年可以孝敬些什麼。一則園子有專定之人修理，花木自然一年好似一年了，也不用臨時忙亂；二則也不致作踐，白辜負了東西；三則老媽媽們也可借此小補，不枉成年家在園中辛苦；四則也可省了這些花兒匠，山子匠，並打掃人等的工費。將此有餘以補不足，未為不可。」寶釵正在地下看壁上的字畫，聽如此說，便點頭笑道：「善哉！三年之內，無饑饉矣。」李紈

道：「好主意！果然這麼行，太太必喜歡。省錢事小，園子有
人打掃，專司其職，又許他去賣錢，使之以權，動之以利，再
無不盡職的了。」平兒道：「這件事，須得姑娘說出來。我們
奶奶雖有此心，未必好出口。此刻姑娘們在園裡住著，不能多
弄些玩意兒陪襯，反叫人去監管修理，圖省錢，——這話斷不
好出口。」

第五十六回，可說是《紅樓夢》全書裡最富有理財特色的一個章回。
文章第三部分是全文的重點，篇幅比較長，深入細緻地分析了探春如
何興利除弊「在大觀園裡找尋一條增加收入的途徑」，提出大觀園實行
各種管理的責任承包制度，「給賈府每年增加了四百兩銀子的收入」。
進一步分析「探春的做法，是對奴隸勞動的修正，它多多少少承認了
老媽媽們有取得自己勞動所得的一部分，承認這一部分勞動力的自主
權」，指出「這個行動的意義，遠遠超過賈府增加四百兩收入的所得，
將會發生深遠的影響力。」當探春受命掌權時，就看出她平日對於家
計經濟的關心，遠勝過賈府的眾多子孫。令符在手，她先除弊，減除
了兩項不必要、或是重疊的開銷。更看出三小姐手段的是興利，因為
除弊簡單、興利最難。她要在大觀園這個坑錢的地方變出錢來，一個
破荷葉，一根枯草根子，都是值錢的，於是決心對大觀園進行改革，
實行承包責任制，這樣一來，不僅每年有四百兩銀子的盈餘，而且園
子有人打掃，專司其職，園中各處菜蔬稻田，花草樹木都有人料理，
使之以權，動之以利，再加上薛寶釵的「小惠全大體」，探春之「敏」，
輔以寶釵之「賢」，使我們看到了大觀園女子的理財能力，使大觀園
呈現新氣象。（林文山，1981）希望藉由此課的教學目標，讓學生了
解〈敏探春興利除宿弊　賢寶釵小惠全大體〉全文的旨趣與意涵，把
知識、技能、態度整合在一起，強調學習是周詳的，不應只偏重在知

識上面，進而理解多元文化的差異與學習創新應變等能力。

四　結論

　　十二年課綱核心素養的養成往往是循序漸進的，課程教學設計的重點乃是盡量地提供學生參與及練習的機會，鼓勵教師在適當單元中關照並融入核心素養的設計，而毋須立竿見影，一味地強調素養表現的檢核。要培養三面九項素養均衡發展的健全學生，因此，不能僅強調部分素養，而忽略其他素養項目的學習。「核心素養」是指一個人為適應現在的生活及面對未來的挑戰，所應具備的知識、能力與態度。「核心素養」強調學習不宜以學科知識及技能為限，而應關注學習與生活的相輔相成。（林永豐，2017）在二十一世紀以知識經濟為導向的時代中，全人教育已成為開發學生多元能力，實現全人發展的理想目標。「核心素養」與「全人教育」的教育理念與內涵，植基在人格的感化與因材施教上，徹底了解學生心性發展，針對其長短與需要，使用適切的不同教材，適時適地加以教導，以塑造學生的健全人格。

　　德國哲學家黑格爾（Georg Wilhelm Friedrich Hegel, 1770-1831）說：「經典是永恆的，因為它會不斷激起讀者心靈中的理念典型。」知之深，不如行之著，因此透過國語文學習，培養學生健康適性的價值觀與人生態度，進而開發潛能，點燃知識的火炬，努力充實自我，讓「核心素養」學習的願景，在莘莘學子的身上綻放出美麗的花朵。閱讀的習慣在年輕時就要養成，寫作的種子也應在年輕時代就埋下。因為有思想的人，才有內涵，有智慧的人才有品味，唯有多看多學，才能使智慧增長。多元化的教育思潮，隨著日新月異的科技文明，深深牽動著國家的未來。莊子（約西元前369年-西元前286年）說：「吾生也有涯，而知也無涯。」所以學識的獲得是永無止境的，因此學校

教育的願景，應該以科技與知識為經，以全民學習為緯，營造溫馨的
終身學習環境為鵠的，以培育具有多元智慧、宏觀視野、蓄積深厚、
知書達禮的 e 時代好青年。

徵引文獻

〔漢〕鄭玄注、〔唐〕孔穎達等正義：《禮記正義》，臺北：藝文印書館，1998年。

〔清〕曹雪芹撰、饒彬 校注：《紅樓夢》，臺北：三民書局，1972年。

謝冰瑩、應裕康、邱燮友等合著：《新譯古文觀止（上／下）》，臺北：三民書局，2012年。

林文山：〈關於探春理家〉，中國社會科學院文學研究所主編《紅樓夢研究集刊》第六輯，上海：上海古籍出版社，1981年。

黃俊傑：《全球化時代大學通識教育的新挑戰》，高雄：中華民國通識教育學會，2004年。

陳能治譯：〈公民2000年教育宣言——從全人教育觀點〉（Education 2000Aholistic Perspective），2000年。

吳明烈：〈UNESCO、OECD 與歐盟終身學習關鍵能力之比較研究〉，臺灣師範大學教育行政的力與美國際學術研討會，2009年。

黃美玲：〈通識文學教育的核心能力培育——以交通大學文學經典課程為例〉，《通識教育學刊》6（2010年12月）。

蔡清田：《課程發展與設計的關鍵 DNA：核心素養》，臺北：五南出版社，2012年。

蔡清田：《國民核心素養：十二年國教課程改革的 DNA》，臺北：高等教育，2014年。

教育部（2014），十二年國民基本教育課程綱要總綱，2016年2月4日查自 http://12cur.naer.edu.tw/upload/files/96d4d3040b01f58da73f0a79755ce8c1.pdf

劉真、江雲鵬、李同立等:〈邁向超物質化世界——人文精神的追尋〉,《師友月刊》第308期(1993年2月)。

林永豐:〈核心素養的課程教學轉化與設計〉,《教育研究月刊》第275期,2017年。

范信賢、陳偉泓:〈課程理念篇——1.2 素養導向與議題融入〉,《十二年國民基本教育普通高中課程規劃及行政準備》,臺北:國家教育研究院,2016年。

蔡清田、陳延興、吳明烈、盧美貴、方德隆、陳聖謨、林永豐:〈K-12中小學課程綱要的核心素養與各領域之連貫體系研究(國家教育研究院研究報告)〉,嘉義縣:中正大學課程研究所,2011年。

謝淑熙:〈《禮記‧禮運》的社會關懷〉,《孔孟月刊》第56卷第11、12期(2018年8年)。

網路資料

〈晚遊六橋待月記〉維基文庫 https://zh.wikisource.org/zh-hant/

〈敏探春興利除宿弊　賢寶釵小惠全大體〉中國哲學書電子化計劃 https://ctext.org/hongloumeng/ch56/zh

中國社會科學院文學研究所主編的《紅樓夢研究集刊》第六輯(上海古籍出版社1981 .http://www.artx.cn/artx/wenxue/50893.htm

貳

知識饗宴

2006 IASL
葡萄牙里斯本大學參訪記行*

一　有朋自遠方來

　　2006 IASL 臺灣高中高職圖書館參訪團，由臺灣師範大學圖資所陳昭珍所長擔任總領隊，基隆女中圖書館陳宗鈺主任、豐原高中圖書館潘淑滿主任、暨大附中圖書館涂進萬主任、前羅東高中圖書館黃文棟主任等擔任副領隊，引領來自臺灣由北到南的圖書館工作夥伴，羅東高中圖書館侯昭長主任、羅東高中圖書館邱柏翰組長、基隆中學圖書館郭進祥主任及夫人黃淑慧老師、安樂高中圖書館吳滋敏組長、師大附中圖書館李啟龍主任、陽明高中圖書館藍秋霞主任、中壢家商圖書館謝淑熙主任、臺中清水高中圖書館卓子瑛主任、南投高商圖書館趙淑婉主任、土庫商工圖書館吳豪彥主任等成員遠赴葡萄牙，參與一年一度的圖書館盛會。

（一）相見歡

　　七月一日下午十六時三十分在華航第一航站，一群對圖書館工作志趣相投的夥伴們初次見面，在陳宗鈺主任及太古國際旅行社陳維賢小姐的引荐下，大家相互寒暄及交換名片，展開了葡萄牙、西班牙之

---

*　本文刊載於二〇〇七年《高中職圖書館輔導團電子報》電子報36期。

旅的序幕。一抹斜陽映照天際，大家以雀躍之心情，搭乘華航十八時三十分飛往香港的飛機，飛機緩緩上昇，翱翔在天際，思緒也隨之起伏，我們一行十六位成員，來自不同的地方，因緣際會能夠有志一同，為 2006 IASL 的圖書館盛會而全力以赴，可以說得上是：「有朋自遠方來，不亦樂乎。」

（二）葡萄牙巡禮

　　七月二日下午十四點四十分，抵達此行的第一個目的地——葡萄牙（Portugal）里斯本（Lisboa）機場，在當地的導遊引領下，大家乘坐遊覽巴士，參觀座落於里斯本西北方大約二十五公里處的國家王宮——辛特拉王宮（Sintra）。周圍是綠樹蓊鬱風景優美的小城鎮，王宮外觀的風格，融合了哥德式、摩爾式、葡萄牙式的建築，以白色為基調，搭配鵝黃色的邊框，再加上兩支巨大而突出的圓錐形煙囪，使得整體建築顯得奇特美觀，此時此刻，大家紛紛以相機，來捕捉剎那成永恆的美景。王宮內部的擺設古樸典雅，其中所用的磁磚及彩飾繪板，受到中國的影響很大。其中最值得觀賞的是「天鵝廳」（Salados Cisnes），是從前國王接待賓客的地方，天花板上有二十七隻姿態各異的彩繪天鵝，唯妙唯肖華麗生動。另外，令我留下深刻印象的是，兩隻照形獨特的煙囪；廚房的炊具，在平底的黃銅鍋子底下，擺放著三隻腳的鐵架，遠望過去，猶如中國傳統烹調食物的「鼎」一樣，可見這些文物也受到中國的影響。目前聯合國教科文組織，已將此地列為世界文化遺產，吸引了更多的觀光客到此遊玩。

葡萄牙街景

葡萄牙街景

　　洛卡岬（Cabo da Roca）位於歐亞大陸的最西端，在地理上具有特殊的意義。在此岬遠眺，可以看到一做座紅色的燈塔，距離燈塔不遠處，豎立著一塊方形的紀念碑，上面刻著葡萄牙詩人所寫的詩：「AQUI... ONDE A TERRA SE ACABA E O MAR COMEÇA」，詩義是：「這裡是陸地的盡頭，海洋的開始。」的確，放眼望去遼闊無邊的大西洋，澎湃的海水敲擊著險峻的崖壁，碧波萬頃，景致壯觀，讓人深刻的體會到此詩句貼切的義涵。雖然豔陽高照，但是遊客絡繹不絕，海風徐徐拂面而過，大家競相以照相機捕捉美麗的畫面和光影。在附近的遊客中心，導遊陳小姐為我們每個人買下一張「歐亞大陸最西端到達證明書」，上面有每個人的英文名字，因為從臺灣飄洋過海到遙遠的歐亞大陸最西端，實屬不易，這的確是彌足珍貴的紀念品，讓大家有不虛此行的感受。

洛卡岬留影一

洛卡岬留影二

二 領航知識世紀

七月三日是 IASL 年會相關工作人員的行政會議，所以除了各國的領隊、副領隊需要參加，其他圖書館夥伴們，可以偷得浮生半日閒去巡禮里斯本（Lisboa）這個葡萄牙的首都，參觀了阿爾法瑪舊城區（Alfama）、貝倫塔（Torre de Belem）、發現者紀念碑（Padrao dos Descobrimentos）……等景點。

（一）2006 IASL 年會開幕典禮

七月四日 2006 IASL 年會正式開幕的日子，我們從下榻的飯店（Sana Classic Reno Hotel）沿著街道，朝開會的地點前進，穿過花木扶疏的公園及林蔭道路，走到曲徑通幽處，見到掩映在佳木蔥籠的博

物館與圖書館,就是 2006 IASL 年會的開會地點。參加世界性的圖書館盛會,與各國嘉賓齊聚一堂,可以說是「以圖書會友」。步入會場,與會各國貴賓互相點頭問好,稱得上是冠蓋雲集。辦理好報到手續,大家一貫進入會場參加開幕典禮。開幕儀式由葡萄牙的教育部官員主持,與會貴賓致辭後,十時至十時三十分由葡萄牙學者 Isabel Veiga 作專題演講『35th IASL Conference Chair and National Reading plan, Coordinator』,說明學習與閱讀的重要性,的確圖書館是提昇學習能力的重要樞紐,更是領航知識世紀的原動力。

與會各國貴賓相見歡一

與會各國貴賓相見歡二

　　當天下午我們的成員，未有論文發表的議程，所以大家幫忙將黃主任精心製作宣傳臺灣真、善、美的海報與文宣，在會場一隅擺設攤位，分送與會外國貴賓有關二○○七年在臺灣舉辦 IASL 年會的相關資訊，並交換名片，廣結益友做好國民外交，歡迎他們能參加來年在臺灣臺北所舉行的 IASL 年會。

2006 IASL **年會開幕開幕典禮**

與會團員合影留念

（二）論文發表

　　七月五日早上筆者參加十時三十分至十一時十五分場次之論文發表，主題是：〈從知識管理談推動班級讀書會的理念與作法〉，中文系畢業的我，要在國際圖書館年會的講臺上，用不流暢的英文來發表論文，內心實在忐忑不安，幸好與會夥伴土庫商工吳豪彥主任、陽明高中藍秋霞主任的鼎力相助，使我有驚無險，仍能夠順利過關，令我銘感五中。

　　羅東高中圖書館侯昭長主任與我同一個時段，但是不同一地點發表論文，主題是：〈推廣校園閱讀運動〉，侯主任是英文系畢業的，能說得一口流利的英語，加上風趣的談吐，所以深獲好評。接者是陽明高中圖書館藍秋霞主任，發表論文之主題是：〈高中職社區化之圖書館經營模式的研究〉，內容有條有理，加上穩健的臺風，稱得上是可圈可點。

　　其次是師大附中圖書館李啟龍主任，發表論文之主題是：〈應用於高中圖書館之流程知識管理系統〉，李主任以臺灣歌謠做為簡報之導引，並介紹臺灣之美景，尤其是臺北市的地標101大樓，吸引許多與會國外擔任圖書館工作之專家學者的興趣，加上流暢的解說，也深獲好評。羅東高中圖書館邱柏翰組長，發表論文之主題是：〈虛擬學習步道設計與應用〉，邱組長學有專精，條分縷析虛擬學習之設計與應用，頗獲與會學者之重視與好評。壓軸上場的是七月六日土庫商工圖書館吳豪彥主任，發表論文之主題是：〈土庫商工圖書館行銷策略〉，吳主任曾經在美國留學，說得一口流利的英語，加上詳實的敘述，也頗獲好評。

　　總之，此次臺灣高中高職圖書館發表六篇的論文（原本是八篇，有二篇未到葡萄牙發表），比亞洲其他國家日本的二篇、香港的四

篇，篇數較多，足證大家的盡心盡力，從定訂題目、企畫書、論文結構分析、翻譯成英文到送審等階段，箇中的辛苦，可以說是：「如人飲水，冷暖自知。」每位圖書館夥伴，均能在自己的工作崗位上，將各校經營圖書館的理念、班級讀書會的運作、推廣閱讀運動、社區化的經營、虛擬學習的設計與應用……等，寫成論文與大家分享。在知識管理理念的推動下，建構學校成為有創造力的學習型組織，在一連串的累積與傳遞、利用中，產生知識的創新，以增進學生學習的動機及增廣見聞。

論文發表主任們合影

三 臺灣歌聲揚國際

（一）2006 IASL 年會閉幕典禮

　　2006 IASL 年會連續四天緊湊的議程，順利圓滿的完成，終於在七月七日中午十二時三十分舉行閉幕儀式，在葡萄牙的教育部官員與專家學者的致辭後，重頭戲就是介紹來年二○○七年主辦 IASL 年會的國家──臺灣。總領隊臺灣師範大學圖資所陳昭珍所長，以流暢的英語上臺致辭，並播放一段介紹臺灣地方風土民情的簡報，給與會的世界各國圖書館的夥伴們共同欣賞，此時心中油然而生莫名的感動。

（二）薪火相傳

　　接著我們所有臺灣圖書館成員，上臺表演臺灣民謠〈高山青〉舞曲。事前由陳昭珍所長的精心策畫，團員卓子瑛主任的教導大家跳舞，雖然練習的時間很短暫，但是在卓主任曼妙舞步，加上基隆中學圖書館郭進祥主任渾厚的歌聲，與陳昭珍所長柔美和聲的引領下，我們終於能夠在葡萄牙博物館的會議廳上載歌載舞，向與會嘉賓介紹臺灣的力與美，「高山青、澗水藍，阿里山的姑娘美如水，阿里山的少年壯如山。」歌聲迴盪在整個會議廳，頓時一股熱流，在我心深處冉冉上昇，期盼藉由臺灣民謠，傳遞我們的心聲，讓世界各國學校圖書館的專家學者，認識在地球上遙遠東方的一個島國臺灣，有一群默默耕耘的圖書館工作夥伴，及我們承接 2007 IASL 年會「兩肩負重任，心懷使命感」的信心。表演完畢，贏得滿堂歡呼與掌聲，當象徵 IASL 精神的旗幟，從葡萄牙教育官員的手中，交接給臺灣的代表陳昭珍教授時，此時淚水不禁在眼眶打轉，相信大家和衷共濟的努力，來年定可以完成此項任重道遠的使命。

閉幕典禮　　　　　　　臺灣圖書館成員　歌舞演出高山青

總領隊臺灣師範大學圖資所陳昭珍所長接受 IASL 年會會旗

四　圖書館之饗宴

　　七月六日下午、七月七日圖書館饗宴的行程分為四梯次，第一梯次是由羅東高中資訊媒體組邱柏翰組長隨團參訪「數位圖書館」，轉述邱柏翰組長的簡介。受限於語文隔閡，一般人比較難操作這套系統（因為都是葡萄牙文，而且沒有英文介面）。不過該網站和一般數位計畫不同，這個網站的內容是可以讓 Internet 上每一個使用者來查詢，而且免費、不用更改網頁設定，因此可以上該網站查一查。站內

的文獻，均有原始檔掃瞄（JPG 圖檔格式）、純文字內容（TXT 文件格式）、文件內容（PDF 格式和 WORD 格式）。全部免費下載。另外發現一個小地方：葡萄牙的電腦，不論是會場的筆記型電腦，或是參觀各級圖書館的機器，用的防毒軟體幾乎都是「熊貓防毒軟體」，並不是臺灣常見的 Norton 或是 PC-Cillin。

　　第二梯次是七月七日由羅東高中圖書館侯昭長主任隨團參訪葡萄牙公共圖書館，轉述侯昭長主任的簡介。原來里斯本共有十八間市立公共圖書館，我們所參訪的學校二○○三年十二月十八日才剛落成開幕。這所圖書館針對家庭親子閱讀設計活動、以及促進及激勵社區民眾閱讀與學習。申辦借書證非常容易，僅需帶身分證、照片及簽名，並確認住址即可。館藏量僅20575冊（含書本18611冊，DVD 870片，CD 1094片）。本館共三樓層，一樓有服務及流通櫃檯、展覽室、Orlando Ribeiro 作品區、以及藝術休閒區。二樓有知識流通區、報紙雜誌區、參考書目區、資訊流通區。知識流通區有各類學科用書如歷史、數學、物理、或法律。本區最安靜，總是擠滿學生。也是蒐集、研究各類文獻的區域。三樓有三區：小說文學區、表演藝術區、行政服務區。小說文學區有許多文學性書目，是青少年最喜歡來的閱讀區。表演藝術區則結合藝術活動或讀書會等動態活動使社區民眾活絡起來，增添社區意識並推廣閱讀風氣、增進學童創造力及想像力。行政服務區則提供員工及閱讀民眾休閒咖啡區。

國家圖書館閱覽室一隅　　　　　國家圖書館閱覽室一隅

　　七月六日下午的行程是參觀 School Library，我們隨著葡萄牙圖書
館領隊老師，乘坐遊覽車去參觀位於里斯本郊區的一所高中 Centro
de Recursos Educativos 的圖書館，學校的環境清幽，約有八百多名學
生，圖書館的空間不算大，藏書約四千餘冊，每位學生借閱圖書一次
以五本為限。走進閱覽室，映入眼簾的是牆壁上，懸掛了許多學生的
作品，看起來頗為溫馨，可見這所高中注重學生的創作能力，與臺灣
一般的學校圖書館、公共圖書館，牆壁上張貼的是廣告海報或名人的
字畫截然不同。閱覽室的功能較為多元，除了可以用電腦搜尋教學相
關資料，還可以與師長、同學切磋課業、甚且下棋、與同學聊天等
等。外國的中學生常常要寫讀書報告，將心得與老師、同學分享，可
以培養學生的創造思考能力。反思，臺灣的國、高中學生，為了升學
考試，終日埋頭苦讀，生吞活剝應考的科目，使得學生精神苦悶，更
戕害了學生的創造能力，是每位從事教育工作者應該省思的教育癥結。

　　七月七日的早上的行程仍然是參觀 School Library，我們隨著葡萄
牙圖書館領隊老師，驅車前往位於里斯本飛機場附近的一所小學，全
校學生包括從幼稚園至十年級的學生。在學校校長與老師的詳細導引

與解說下，我們首先參觀了牆壁上貼滿了學生純真可愛的繪畫作品、美勞作品的禮堂。接著參觀 Biblioteca Arco-Iris Library，架上陳列了許多可愛的童話書，牆壁上也妝點了精心設計的可愛的裝飾品，隨手翻閱架上的童書，竟然發現一本用英文書寫的中國神話故事，其中的插畫，令我們感到無比的親切。在校長的熱情招待下，不但品嚐到葡萄牙傳統美食──葡式蛋塔，並且要我們拍照及簽名留念，讓我們留下深刻的印象。

圖書館展示一隅

與參訪圖書館澳洲貴賓合影

圖書館展示一隅

圖書館展示一隅

五　異國風情逍遙遊

　　里斯本是葡萄牙的首都與最大的城市，分布在七座山丘上，東北邊有歐洲最長的太迦河（Tejo）流經，在西邊約一點二公里處注入大西洋，從高處眺望里斯本，可以看到櫛比鱗次的建築物，從陡峭的山丘，一直延伸到平坦的河岸，呈現出特殊的城市風情。

（一）參觀蓬巴爾侯爵廣場（Praca Marques de Pombal）

　　七月二日早上七時二十分導遊陳小姐，引領我們步行到旅館附近的蓬巴爾侯爵廣場（Praca Marques de Pombal）參觀，這座廣場位於自由大道的北端，廣場中央豎立著十八世紀的政治家，並肩負著重建里斯本的蓬巴爾侯爵和獅子雕像。廣場北側是佔地廣闊的愛德華七世公園，公園內的斜坡步道，兩旁種滿生氣盎然的行道樹，和修剪整齊有如迷宮似的花圃，放眼望去，令人賞心悅目。

（二）參觀阿爾法瑪舊城區（Alfama）

　　七月三日我們跟隨導遊坐地鐵去參觀，阿爾法瑪舊城區（Alfama），主要包括菲古拉廣場到康梅爾西歐廣場這一帶，區內分布著棋盤式的街道，街道用手工藝品命名，例如、「銀之路」（Rua da Prata）、「金之路」（Rua do Ouro）等。瀏覽廣場發現兩邊的商店，古老行業越來越少，但是走到人行步道上，仍然可以見到傳統藝術家，當場作畫所擺設的攤位，以及琳琅滿目的藝術品和紀念品。

（三）參觀貝倫塔（Torre de Belem）

　　隨後我們去參觀貝倫塔（Torre de Belem），此塔座落於太迦河水岸，原本是一五一九年所興建的船隻監視塔，外觀裝飾有伊斯蘭教式

的花邊，牆壁上雕刻著聖殿騎士的盾形徽章，這座塔內部共有五層，一樓曾經是水牢，二樓是炮臺，三樓是王室居住之處，現在已改裝為展覽十六至十七世紀傳統傢俱的博物館。因為具有豐富的歷史價值，和特殊的建築風格，所以一九八三年被聯合國教科文組織，列為世界遺產，它的重要價值，由此可見。

（四）參觀發現者紀念碑（Padrao dos Descobrimentos）

當天下午，我們搭公車去探訪里斯本的地標之一，發現者紀念碑（Padrao dos Descobrimentos），西元一九六〇年為了紀念航海家亨利王子逝世五百年所豎立，它的造型就像巨大的白色風帆，屹立在太迦河岸，正準備揚帆出發。在這座紀念碑上，位於船首的雕像，就是航海家亨利王子，跟隨在後的是與航海時代有關的人物。位於發現者紀念碑前面的廣場，地面上有用大理石刻劃的古代世界地圖，標示有世界各地被發現的年代，其中還可以找到臺灣的地理位置和年分呢！根據臺灣通史所記載，西元一五五七年，明世宗嘉靖三十六年葡萄牙人佔據澳門，在中國各海口通商貿易，因為見到臺灣山林青蔥，所以讚嘆說：「福爾摩莎」（Formosa），就是美麗之島的意思。此次葡萄牙之行，每思及此事，不禁令人油然而生思古之幽情。

（五）尋訪葡萄牙百年咖啡店

參觀完歷史古蹟，導遊陳小姐帶領我們去品嚐葡萄牙的百年咖啡店及正統的葡式蛋塔，走進店內發現食客絡繹不絕，必須排隊購買，如果要在店內品嚐美食，需經由服務生帶領就座後，才能點餐。在人聲鼎沸之際，大約半小時，香甜的蛋塔與可口的咖啡才送到，大家已飢腸轆轆，急忙大塊朵頤，桌上有兩小罐調味料——糖粉、肉桂粉，灑在葡式蛋塔來吃，別有一番風味喔！告別百年咖啡店，不僅讓我們齒頰留香，大家也競相拍照留念，證明有到此品嚐美食。

（六）欣賞葡萄牙民俗音樂——Fados

當天晚上，我們又結伴去欣賞葡萄牙民俗音樂——Fados，並且品嚐傳統美食。所謂 Fados 就是吃晚餐時，一邊品嚐美食，一邊啜飲美酒，大約夜晚二十一時，就會有三位歌手輪流出場，高唱葡萄牙民謠歌曲，並且有吉他伴奏，歌手出場後，所有燈光就熄滅，只點上餐桌中間擺放的蠟燭，展現出柔和的光影，歌聲時而嘹亮，時而低沉，迴腸盪氣，繞梁三日，不絕於耳，此時腦際突然飄入一句唐詩：「葡萄美酒夜光杯」，和此時的情境類似。雖然我們不諳葡萄牙語，不瞭解歌詞中的意涵，但從歌手的表情，也能略懂是輕快或悲傷的情調。唯一美中不足的是，因為夜已深，必須搭地鐵回旅館，所以我們只好忍痛割捨，在夜晚二十二時左右先行離席，無法繼續聆賞美妙的歌聲。但今夜的 Fados 之行，已讓我們值回票價了。

（七）乘坐遊艇夜遊太迦河

七月六日 2006 IASL 年會的重要活動，就是在晚上十九時三十分安排參與大會的圖書館工作夥伴，乘坐遊艇去遊覽太迦河的明媚風光。因為 2006 IASL 年會各國的論文發表議程都結束了，所以大家都以愉悅的心情，來一趟遊河之旅，各國的圖書館工作夥伴，也開始互相寒暄交換名片。船上備有餐點、飲料、美酒，大家一邊品嚐美食，一邊訴說自己的工作經驗與心得，縮短了彼此間的距離與隔閡，這應該是此次活動的最大收穫吧！里斯本的夏夜要到晚上二十一時，夜幕才會低垂，所以坐在船上遠眺太迦河，金色的陽光映照在蔚藍的海水，波光粼粼，再加上遠處，有一條像長虹臥波的紅色鐵橋，橫跨在太迦河的兩岸，稱得上是美景如畫，美不勝收。大家趕緊拿出照相機，捕捉剎那成永恆的美麗畫面。

（八）乘坐電車巡禮里斯本歷史區

　　七月七日我們搭乘葡萄牙128電車，來巡禮里斯本的歷史區——拜爾羅‧阿爾圖區（Bairro Alto）、阿爾法瑪區（Alfama）二個具有葡萄牙傳統住宅的街道，因為里斯本是一座山城，所以電車從蜿蜒的街道匍匐前進，人行道都是由一小塊一小塊的磁磚堆砌而成，女士們如果穿著細跟的高跟鞋踩踏在上面，可能會步履維艱。他們的傳統建築，每戶人家的大門都很狹窄，高度也不算高，外牆貼飾著傳統的馬賽克磁磚，有的則是利用磁磚拼貼成繽紛的色塊，充滿新潮感，而且很多人家都喜歡在窗戶外懸掛國旗，足證他們有強烈的國家觀念。大約一小時的車程，我們瀏覽里斯本的歷史區，讓我們對葡萄牙留下深刻且難忘的印象。

葡萄牙街景一隅

六　尋訪經典藝術

（一）巡禮賽維亞（Sevilla）

　　七月八日早晨七時整，我們整理好自己的行李，告別了葡萄牙，坐上前往西班牙（Spain）的遊覽巴士，車子行經橫跨在大西洋上的宏偉大橋。沿途看到一大片葡萄架，及製作軟木塞的橡樹。大約六小時的車程，發現車窗外，視野所及，是迥異於葡萄牙的景象，櫛比鱗次外牆橘色的耀眼建築物，哇！西班牙以熱情的風貌，迎接我們的到來。車子緩緩駛進賽維亞（Sevilla）的市區，令大家咋舌不已的是，街道上的計時、計溫器的跑馬燈，出現攝氏四十三度的氣溫，大家急忙取出防曬乳液，往臉上、手上塗抹。的確西班牙的豔陽，使得當地人散放出開朗的活力，據說他們最自豪之處，就是一年三百六十五天，約有三百天是陽光普照的日子。

　　西班牙座落在歐洲西南端的伊比利半島（Iberian Peninsula），面積約為五〇四七八八平方公里，是一個多元種族的國家，總共分成十七個自治區，每一個區域都有不同的語言和人文特色。賽維亞位於西班牙東南部，是賽維亞省的首府，也是安達魯西亞自治區政府與國會所在，更是安達魯西亞的藝術之都，也是一九九二年世界博覽會之都。

　　七月八日下午十四時，我們到達賽維亞的中國長城飯店吃午餐，久違的中國菜，七菜一湯的佳餚，讓大家食指大動，不禁大塊朵頤一番，還是中國菜好吃，思鄉之情，溢於言表。品嚐美味的中國佳餚，我們隨著當地的導遊去參觀賽維亞的大教堂。下午十七時三十分，我們回到下榻的四星級飯店。稍作梳洗後，隨後導遊帶領我們去品嚐道地的西班牙美食。

（二）觀賞佛朗明哥（Flamenco）舞蹈

　　吃完晚餐，已接近夜晚二十一時，太陽仍高掛天際，我們步行到賽維亞著名的「Tablao」欣賞洋溢浪漫動感的佛朗明哥（Flamenco）舞蹈，一踏進表演會場，幾乎是座無虛席，導遊陳小姐已先訂門票，等我們就座好，過一會兒，表演就開始。我們一邊品嚐美酒，一邊欣賞西班牙傳統舞蹈，可以用「此曲只應天上有，人間那得幾回聞」來形容。最先出場表演的是三位身材高挑、面貌姣好的女郎，伴隨著高跟鞋踩踏的聲音，和有節奏的響板聲混合成有韻致的節奏，柳腰款擺，舞姿輕盈曼妙，贏得滿堂的喝采。接著是三男三女的表演；其次是男女舞者個人獨自的表演，伴隨著吉他伴奏，以及嘹亮渾厚的男高音的歌唱，表現出三種不同的意涵，明快活躍（Cante Chico）、急緩適中音律流暢（Cante Intermedio Intormedio）、哀傷憂怨（Cante Jondo）。　舞者的表演能融入音樂的意涵中，尤其是明快俐落的踩踏出多采多姿的韻律，令人嘆為觀止，西班牙人的熱情奔放、爽朗豪邁的性情表露無遺，這也是西班牙人的魅力所在。

（三）參觀畢卡索美術館（Museo Picasso）

　　七月十一日我們前往巴塞隆納（Barce Lona）著名的畢卡索美術館（Museo Picasso）參觀。巴塞隆納畢卡索美術館的創立，位於歌德區，主要是為了紀念畢卡索一八九五年至一九四〇年間與它「朝夕相處」了九年的關係。美術館內主要的展覽作品，包括素描、油畫、版畫和陶瓷品。畢卡索少年時的作品，屬於學院派的作品，以家人或親戚為繪畫的對象，尤其是「藝術家母親的肖像」這幅作品，以細膩的筆觸，來描繪出作者母親的潔淨純樸、慈祥溫馴、和藹可親，將母親最完美的一面呈現出來，奠定了美學的價值性。畢卡索在一九〇一年

的秋天，因為好友的自殺身亡，使得心情低落，因此創作的作品充滿憂鬱和悲觀主義的色彩，稱為「藍色時期」，所畫的作品，都是單一的藍色，毫無生氣的樣子。後來他離開巴塞隆納到巴黎去發展，表現出不一樣的繪畫風格，從一九〇七年創立體派至一九一七至一九三〇年新古典時期至超現實主義時期，足證他的畫風是千變萬化的。此外在一九五〇年至一九五七年的〈仕女圖〉，是他抄襲或模仿維拉斯蓋茲的一系列作品，但卻能創作出「異曲同工」的作品，令人嘆為觀止。總之，參觀完畢卡索美術館，讓我們沾染了一些藝術氣息，稱得上是不虛此行，滿載而歸。

與會團員合影留念

七 巡禮典雅古蹟建築

（一）參觀賽維亞大教堂（Catedral de Sevilla）

七月八日下午我們去參觀賽維亞第一個名勝古蹟──大教堂（Catedral），美麗的哥德式建築，是賽維亞最耀眼的地標建築。「大教堂」原本是伊斯蘭清真寺，一四三四至一五一七年間改建為哥德

式，一五二八至一六○一年，正值大教堂文藝復興樣式時期，因此裡面的各式建築，也都被建造成美麗的文藝復興風格。現在教堂的總面積廣達二三五○○平方公尺，中央天井高有三十七英尺，成為歐洲第三大教堂。

　　大教堂內最吸引人駐足參觀的是，以純金打造的哥倫布靈柩，是哥倫布的衣冠塚，由曾經幫助哥倫布飄洋過海，發現新大陸的國家代表，扛著他的靈柩，充滿傳奇色彩，頗值得人玩味。仰望教堂內以彩色玻璃鋪設的天窗，金碧輝煌巧奪天工；梁柱上神乎其技的雕刻藝術，令人嘆為觀止。爬上三十五層高的塔頂，眺望四周，西班牙美麗的哥德式建築，盡收眼底，令人賞心悅目，大家急忙以相機捕捉美麗的畫面。當時間準點時，悠揚的鐘聲在耳畔響起，令人油然而生莊嚴肅穆的感覺。

（二）參觀阿卡薩城堡（Rrales Alcazares）、阿卡薩宮殿（Alcazar）

　　七月九日吃完早餐後，我們參觀頗具伊斯蘭文化風格的阿卡薩城堡和阿卡薩宮殿。此座城堡，是一座阿拉伯摩爾式的皇庭公園，一九八七年聯合國文教組織列為世界遺產。宮殿內有許多美麗的廳堂和庭院，具有「穆迪哈爾」式（Mudejar）獨特風格的城堡，融合哥德式建築元素及伊斯蘭式的裝飾，充分表現出阿拉伯工匠的精湛技藝；牆壁和柱面都由馬賽克拼貼成繁複的伊斯蘭圖案，令人讚不絕口。

　　走出阿卡薩城堡，映入眼簾的是廣闊的回教式庭園。清風徐來，扶疏的花木迎風搖曳，令人心曠神怡。不禁想起明代文學家張潮的《幽夢影》中所說：「才字所以粉飾乾坤」，西班牙人的確是匠心獨運的藝術家，把大自然妝點得如此多采多姿，令人到此一遊，都會流連忘返。

（三）參觀奎爾公園（Parc Giiell）

七月九日傍晚我們告別了塞維亞，搭乘飛機前往伊比利半島上，臨地中海的藝術之都——巴塞隆納（Barcelona），這是一個充滿活力的都市，自古以來就是一座天然良港，擁有得天獨厚的條件。在市內可以看到新式舊式的建築物並陳，一九二九年萬國博覽會在此舉行、一九九二年世界奧林匹克運動會也在此舉行，當時所建造的各種運動場所，也成為現在遊客參觀的景點。其中最有名的是天才建築家高迪所社計的奎爾公園、聖家堂、米拉之家。

七月十日我們隨著當地導遊的引領去參觀奎爾公園（Parc Giiell），這是西班牙天才建築家高迪所設計作品中，最容易讓人親近的公園。一八九五年奎爾公爵買下這塊山坡地，委託高迪設計建造一座公園。因為這片山坡地位於狹窄的街道區，無法得到建築物立面的全景，所以高迪以慧心巧手運用各種設計方式，使得奎爾公園呈現出特殊的空間感。

奎爾公園的入口位於南側，從此走進去，眼睛為之一亮的是，一座彩色磁磚拼貼的階梯，以及一隻色彩斑斕的雕刻蜥蜴，呈現在大家面前，此時此刻，照相機的閃光燈閃爍不停。位於台階上的廣場，在邊緣處設計有曲線形的座椅，全部由馬賽克拼貼裝飾而成，座椅不是高迪所設計，而是喬約瑟的作品，座椅的排水孔，都是一具獅頭。此外，還有一處引人注目的焦點，就是支撐著廣場平臺的八十四根支柱，是用不規則的石材堆砌而成，目前這座公園，也被聯合國教科文組織列為世界文化遺產。高迪特殊的設計，賦予建築物無限的生命力，及創新的想像空間，的確令人大開眼界，有不虛此行之感。

（四）參觀聖家堂（Templo de la Sagrada Familia）

七月十日我們參觀完奎爾公園，接著的行程是參觀巴塞隆納的市標，高迪設計動工一百年，至今仍繼續建造的——聖家堂（Templo de la Sagrada Familia），無論何時到次此處一遊，都可以看到教堂外面掛著礙眼的圍籬和吊車。聖家堂展現出高迪隨興又富有創造力的風格，呈現出圓錐形扭曲的樣貌，與歐洲其他教堂的風貌截然不同。因為高迪出生於銅匠之家，所以有巧妙的雕塑技巧。

參觀聖家堂，必須從位於西側的正門走進去，在此可以看到教堂的立面雕刻著耶穌基督受難像，這是藝術家蘇畢拉契（Josep Maria Subirachs）的雕刻，由於作品風格充滿陰暗面，當時曾經飽受批評。站在正門往上看，可以見到屋頂上方的八座塔樓，造型既像玉米又像竹筍，採用威尼斯風格的馬賽克磁磚，富有童話般的色彩，引人遐思。根據高迪的設計，此處應該要有十八座樓塔，其中十二個代表耶穌的十二位門徒，四個代表傳教士，一個象徵聖母瑪利亞，另外最高的一個是耶穌基督。

在聖家堂東側建築物立面裝飾著象徵「耶穌復活」的雕刻，這裡有代表「信、望、愛」的門廊，以及採用象徵主義手法裝飾的耶穌誕生情景，在南側尚未雕刻完成的是象徵「天國榮耀」的立面，這裡是整體建築中最複雜，也是最精緻的部分。巡禮聖家堂的整個風貌，猶如上了一堂建築物課程，讓我們獲益良多。

（五）參觀米拉之家（Casa Milla）

「米拉之家」位於街區的轉角，這座建築物擁有波浪形的立面，以及奇特的屋頂，讓人眼睛為之一亮，此建築物建於一九〇六至一九一〇年間，是安東尼、高迪設計的，這棟公寓採用堅硬的石材建成，

但是由於立面設計有波浪式的樓層，並且搭配枝葉般的金鍛鐵陽臺，使整座公園變得柔和生動有趣。到達米拉之家的頂樓陽臺，映入眼簾的是被設計成士兵或人頭形狀的煙囪或通氣孔，讓人彷彿置身於外星世界。

　　米拉之家的建築物，是高迪建築作品中的成熟之作，不但將自己的自然思維表現無遺，也為現代的建築創造出許多趣味空間，更是巴塞隆納現代主義建築的代表，一九八四年已被聯合國教科文組織列為世界遺產。由於時間太倉促，雖然我們只是走馬看花般的瀏覽一番，但在腦海深處已留下深刻的印象。

聖家堂與米拉之家之景觀

八　圖書味彌久　知識滿行囊　感恩銘五中

　　十二天的葡萄牙、西班牙之旅，在七月十二日晚上我們抵達臺灣中正機場即奏下休止符。我們一行十七人，由陌生至熟稔，進而相知、相惜，五天的 2006 IASL 年會，六位成員發表論文，完成宣揚臺灣高中職圖書館各校經營理念、推動班級讀書會的神聖使命；參觀了葡萄牙的國家圖書館、公共圖書館、高中小學的圖書館，使我們的心湖深處，有「圖書味彌久」的充實感；在 IASL 年會期間聆聽了幾場英文演講，提昇了自己在英文聽與說的能力，對於視野的開闊，深感獲益良多。臺灣圖書館學會要承接 2007 IASL 年會的主辦權，大家有「兩肩負重任，心懷使命感」的信心。

　　「行走萬里路，勝讀萬卷書」，遊覽了葡萄牙、西班牙的名勝古蹟、經典建築，猶如上了歐洲的歷史、地理和藝術、建築等課程，使我們增長不少見聞。欣賞了葡萄牙民俗音樂──Fados 及西班牙的佛朗明哥（Flamenco）舞蹈，又像上了音樂、舞蹈課程，至今仍有餘音繞樑的感覺，的確是「世事洞明皆學問」（《紅樓夢》），大家有「知識滿行囊」的感受。

　　最後應該感謝引領我們飄洋過海，遠赴葡萄牙參加 2006 IASL 年會的臺灣師範大學圖資所陳昭珍所長、基隆女中圖書館陳宗鈺主任、豐原高中圖書館潘淑滿主任、暨大附中圖書館涂進萬主任、前羅東高中圖書館黃文棟主任，您們用心良苦的籌畫，使我們有機會大開眼界及用英文發表論文。還要感謝的是太古國際旅行社的承辦人李佳玲小姐，為我們安排如此充實的觀光景點，及精美的中西式餐點，讓我們無福「消瘦」；更應該感謝的是像褓姆又像老師般，一直殷切關照大家的導遊陳維賢小姐。也要感謝同行的其他圖書館夥伴們，有您們的結伴同行，使十二天的旅程中，大家相處和諧融洽，歡聲笑語不斷；

柔美歌聲輕揚，至今仍縈迴耳際，每思及此，的確令人「感恩銘五中」。最後，期勉大家能夠再續前緣，為臺北 2007 IASL 年會而全力以赴，大家加油喔！

薪火相傳

海報前大合照

附表一　參訪人員一覽表

　　為因應 2006 IASL 在葡萄牙舉辦發表年會，臺灣高中高職圖書館主任共有六篇圖書館論文將要發表。

1	2006年7月4日 12:00~12:45	R.A.03	李啟龍 Chiou Su-Ling	應用於高中圖書館之流程知識管理系統 Strategic study of on-line reading clubs in senior high schools libraries of Taiwan
2	2006年7月5日 10:30~11:15	P.C.01	侯昭長 Johnny Hou	推廣校園閱讀運動 Promotion of campus reading programs
3	2006年7月5日 10:30~11:15	P.C.05	謝淑熙 Shu-Hsi Hsieh	從知識管理談推動班級讀書會的理念與作法 Discussing the theory and practice of Propelling Class from the aspect of knowledge
6	2006年7月5日 15:45~16:30	R.D.04	邱柏翰 Po-Han Chiu	虛擬學習步道設計與應用 The design & application of a virtual field trip
7	2006年7月5日 13:15~14:45	P.D.05	藍秋霞 Lee Chi-Lung	高中職社區化之圖書館經營模式的研究 A study on implementing a library process-based knowledge management
9	2006年7月6日 15:45~16:30	R.F.04	吳豪彥 Wu Hao-Yen	土庫商工圖書館行銷策略 Marketing strategies of Tuku Vocational High School (TKVS) Library in Taiwan

2008 IASL
美國加州柏克萊大學參訪記行*

一 前言

二〇〇八年 IASL 臺灣高中高職圖書館參訪團，由基隆女中圖書館陳宗鈺主任擔任總領隊，臺師大附中資訊中心李啟龍主任、羅東高中圖書館侯昭長主任、中壢家商圖書館謝淑熙主任、南投旭光高中張麗雲組長、臺灣師範大學圖資所研究生黃琳娟等六位成員遠赴美國加州柏克萊大學（University of California, Berkeley），參加一年一度的世界學校圖書館盛會。

二 海內存知己，天涯若比鄰

二〇〇八年八月四日下午十六時三十分我們抵達舊金山機場，迎接我們的是耀眼迷人的燦爛陽光，拂面而過的卻是微帶寒意的涼風。我們搭乘小型巴士朝加州柏克萊大學一路奔馳，到達目的地，首先映入眼簾的是櫛比鱗次的歐式建築及綠意盎然的草坪，真是令人賞心悅目。接著見到一位身材魁梧的美國友人，當他知道我們來自臺灣，立刻親切的與我們寒暄，並且說他是臺灣女婿，大家對集人文科技與學術於一爐的知名學府──柏克萊大學又憑添更多的好感與探索的興味。

---

* 本文刊載於二〇〇八年十一月《高中職圖書館輔導團電子報》電子報48期。

柏克萊大學校門

團照   **與會東方朋友合影**

　　八月五日是 2008 IASL 年會正式開幕的日子，參加世界性的圖書館盛會，與各國嘉賓齊聚一堂，可以說是「以圖書會友」。步入會場，與會各國貴賓舊雨新知互相點頭問好，稱得上是冠蓋雲集。在餐會上我們認識了遠自中國蘭州來的周老師、香港領隊柯老師，大家相談甚歡，彼此交換心得，令我油然而生「海內存知己，天涯若比鄰」的感觸。

　　八月五日與六日我們一行六人，分別在不同的場次與時間中發表六篇論文，從定訂題目、企畫書、論文結構分析、翻譯成英文到送審等階段，箇中辛苦可謂：「如人飲水，冷暖自知。」每位圖書館夥伴，均能在自己的工作崗位上，將各校經營圖書館的理念、班級讀書

會的運作、推廣閱讀運動、社區化的經營、虛擬學習的設計與應用……等，寫成論文與大家分享，我們的報告也受到外國友人的重視與興趣。在知識管理理念的推動下，建構學校成為有創造力的學習型組織，在一連串的累積與傳遞、利用中，產生知識的創新，以增進學生學習的動機及增廣見聞。在 2008 IASL 年會期間聆聽了幾場英文演講，提昇了自自己在英文聽與說的能力，對於視野的開闊，深感獲益良多。

陳主任論文報告

筆者論文報告

三　知識的饗宴，書香的洗禮

（一）參觀柏克萊大學史塔東亞圖書館（C. V. Starr East Asian Library）

八月六日下午我們去參觀柏克萊大學於二○○八年三月十七日，正式開放以蒐藏中、日、韓文及其它東亞語文資料為主的一座美輪美奐的圖書館，取名為「史塔東亞圖書館」（C. V. Starr East Asian Library）。史塔東亞圖書館在行政體制是屬於柏克萊大學的田長霖東亞

研究中心，樓高四層，佔地六萬八千平方英呎的圖書館，卻是全美大學中，第一座能擁有獨立建築的東亞圖書館，顯示東亞語文研究現在是一項顯學，也表示美國對中、日、韓等東亞國家研究的重視。此座圖書館之所以命名為「史塔東亞圖書館」，是因為「史塔基金會」（C. V. Starr Foundation）捐助建館經費達到八百萬美元之多，其他捐款則來自一千二百位私人或企業團體。

這座東亞圖書館擁有九十萬冊的藏書資料，豐富的藏書，令大家嘆為觀止。柏克萊大學早在二十世紀初年就開始收藏了漢學家傅蘭雅（John Fryer）所捐獻的二千多冊的個人手稿和中文藏書，成為大學蒐藏東亞語文資料的開端。傅蘭雅其實是英國到中國的傳教士，一八六八到一八九六年間，他任職於清政府的洋務機構——江南製造局，擔任翻譯館主管，大量翻譯了科學和工程的西書，還創辦了中國第一所科學學校——格致書院，創編了第一份科學雜誌《格致匯編》。他在一八九六年任教於美國柏克萊大學，其間還創辦了「東方語文系」（後來改名「東方語文與文化系」），成為第一任系主任，直到一九一四年才退休，並且將個人藏書及收藏資料捐獻給學校。柏克萊大學在一九四七年在圖書館系統內也另外設立成立東亞圖書館（East Asian Library），藏書總共七萬五千冊；後來逐漸從中國、日本、韓國等獲得許多學者贈書及自行蒐購等，才建立成目前完整的規模。

東亞圖書館館內所收藏的中國文獻相當齊全，對有興趣研究漢學的讀者而言，可說是一大福音。導覽的圖書館館員曾經在臺灣師範大學研習中文，頓時大家似乎又增添一分親切感。她如數家珍般的訴說史塔東亞圖書館的來龍去脈，讓我們受益良多。除了豐富的館藏之外，史塔東亞圖書館以紅瓦屋頂和灰色花崗岩外牆，搭配中式青銅簾柵屏蔽窗，與其他校園建築相輔相成，在我們的腦海深處，留下難忘的美好回憶。

館員解說 C. V. STARR EAST ASIAN 圖書館

圖書館藏書一

圖書館藏書二

（二）參觀柏克萊大學法律圖書館（Berkeley Law University of California Boalt Hall）

　　加州柏克萊大學的校地總面積約為五平方公里，而主校區約七十二公頃。加大伯克利圖書館共有藏書九百二十萬冊，是北美地區第四大的圖書館。根據統計美國各大學法律圖書館，（排名前十的法學院）包括：哈佛法學院、史丹佛大學法學院、哥倫比亞大學法學院、芝加哥大學法學院、維吉尼亞大學法學院、杜克大學法學院、密歇根

大學法學院、康乃爾大學法學院、加州大學柏克萊分校等圖書館。我
們很榮幸在八月七日下午能夠親自參觀加州柏克萊大學法律圖書館
（Berkeley Law University of California Boalt Hall），法律圖書館的資
源主要是關於學術研究、實務操作和法律職業的技術性問題的時事通
訊。包括有特色的文章和法律相關資源的目錄。館內藏書豐富，尤其
是典藏了具有幾百年歷史有關於法律方面的藏書，包括了袖珍本的法
律書及與珍貴的善本書，讓我們深覺不虛此行且獲益良多。

參觀法律圖書館藏書

四　異國的勝景，溫馨的友情

八月八日結束了四天美國加州柏克萊大學 2008 IASL 年會，我們一
行六人，加入雄獅旅行社美西參訪的行程。首先展開的是舊金山（San
Francisco）之旅，有如長虹臥波的金門大橋（Golden Gate Bridge）、如
詩如畫的藝術宮、神秘的惡魔島、九曲花街……等名勝，令我們留下
深刻的印象。八月九日的優勝美地國家公園（Yosemite National Park）
之行，果真是名不虛傳，峭壁岩石掩映在茂密叢林間，再加上蔚藍蒼
穹的襯托下，一幅大自然優美的山水畫呈現在遊客的眼簾中，令人讚

不絕口。清代文學家張潮在《幽夢影》一書中說:「文章是案頭之山水,山水是地上之文章。」的確是中肯的見解。八月十日拉斯維加斯(Las Vegas)之行,揭開賭城紙醉金迷的面紗,豪華神秘的百樂宮,五彩繽紛的街景,人工打造的天空,為不夜城創造遊客川流不息的商機,美國人的生意經堪稱世界之冠。

　　八月十一日大峽谷國家公園(Grand Canyon National Park)及「天空步道」超 High 體驗之旅,是美西之旅精彩又刺激的一天。我們搭乘昇機遨遊壯觀的大峽谷,俯瞰窗外鬼斧神工的大自然傑作,令人歎為觀止。直昇機降落谷底,我們乘坐遊艇觀賞科羅拉多河兩岸的大峽谷,真有「此景只應天上有,人間那得幾回見」的感觸。接著我們去考驗自己的膽量,徒步走在玻璃天空步道,往下俯視大峽谷的景色,令人有「戰戰兢兢,如臨深淵」的感受。八月十三日是我們飽覽美國西部名山勝景後,最為輕鬆愉快的一天,大家以雀躍的心情去參觀美國赫赫有名的「環球影城製片廠」,探索拍攝電影的奧秘。乘坐「侏儸紀公園」的遊園車、4D 電影「史瑞克」等精彩刺激的節目,兒時的歡樂情景彷彿又浮現在腦海深處。

藝術宮

舊金山金門大橋

胡佛水壩

優勝美地國家公園

大峽谷

天空步道

五　結語

　　「行走萬里路，勝讀萬卷書」，遊覽了美國西部的名山勝景，飽覽了湖光山色，讓我們留下美麗的回憶。十二天的美西之旅，在八月十五日清晨我們抵達臺灣中正機場，即奏下休止符。我們一行六人，由相遇、相知到相惜，六位成員在美國加州柏克萊大學 2008 IASL 年會發表論文，完成宣揚臺灣高中職圖書館各校經營理念、推動讀書會

的任務；參觀柏克萊大學史塔東亞圖書館、柏克萊大學法律圖書館，使我們的心湖深處，有「圖書味彌久，知識滿行囊」的充實感。

　　最後要感謝基隆女中圖書館陳宗鈺主任為此次美國 2008 IASL 年會之行，排除萬難辛苦籌畫，使我們能夠親炙美國加州柏克萊大學的一草一木。也要感謝羅東高中圖書館侯昭長主任以流利英文拓展與外國友人的情誼、臺師大附中資訊中心李啟龍主任、南投旭光高中張麗雲組長、臺灣師範大學圖資所研究生黃琳娟，您們的同行讓十二天之旅增添歡樂與美好的回憶。但願將來高中職圖書館主任能夠薪火相傳，讓 IASL 年會永遠有臺灣圖書館夥伴的身影。

附表一　本次參訪人員一覽表

	姓　名	英文名	職　　稱	論文發表題目
1	李啟龍	Chilung Lee	臺師大附中資訊主任	Using Website Stickiness Strategy to Stick Online Readers: Web——Based RPG Reading
2	謝淑熙	Shu-His Hsieh	中壢家商圖書館主任	Discussing Senior HighSchool Library-using Education from Propelling Class Reading Club
3	黃琳媜	Linjan Huang	臺灣師範大學圖資所研究生	Elementary School Students' Perceptions of School Library and expectations of Library Space
4	侯昭長	Johnny Hou	羅東高中圖書館主任	Promotion of Campus Reading Programs
5	陳宗鈺	Jones Chen	基隆女中圖書館主任	Promoting the Use of School Libraries; Teaching Readers To Fish Instead of Fishing for Them
6	張麗雲	Li-Yun Chang	南投旭光高中組長	The Relationships among Students' Satisfaction of Library, Familial Environment, and Reading Attitudes in Structural Equation Modeling Analysis

第七屆世界華語學校圖書館論壇
紀行

一　前言

　　二〇一七第七屆世界華語學校圖書館論壇，臺灣高中高職圖書館參訪團，由臺灣師範大學教務長陳昭珍教授擔任總領隊、臺灣大學數學系莊正良教授、輔導團總召臺南女中圖書館劉文明主任、TTLA 副理事長國立基隆女中陳宗鈺主任、TTLA 秘書長市立秀峰高中圖書館范綺萍主任、TTLA 理事長國立曾文農工圖書館徐澤佼主任、臺北市立建國中學圖書館文士豪主任、興國高中圖書館顏淑惠主任、嘉義高中圖書館謝漢星主任、高雄市立楠梓特殊學校圖書館張蕎鱗主任、臺南市鹽水國中楊小嬌老師、新北市大同國小石惠如老師、介壽國中吳姿瑩老師、臺南市建興國中吳孟芬老師、竹東高中圖書館羅婉珉主任、嘉義市私立興華高級中學圖書館吳春美主任、臺北市立文山區力行國小陳娟娟老師、臺北市立大學謝淑熙助理教授，加上臺灣師範大學圖資所在職專班八位研究生，四位隨行的眷屬，共三十一位成員，臺灣團聲勢浩大，遠赴湖南長沙參加一年一度的世界華語學校圖書館盛會。

二　有朋自遠方來

　　二○一七年七月二十四日下午十三時時五十分我們在桃園機場第
二航廈中國南方航空公司航站，一群對圖書館工作志趣相投的舊雨新
知夥伴們，在領隊陳昭珍教授及今富華旅行社導遊林政毅先生的引荐
下，大家相互寒暄，展開了湖南之旅的序幕。大家以雀躍之心情，搭
乘十五時三十分前往湖南的飛機，飛機緩緩上昇，翺翔在天際，思緒
也隨之起伏，我們一行三十一位成員，來自不同的地方，因緣際會能
夠有志一同，為二○一七年第七屆世界華語學校圖書館論壇的盛會而
全力以赴，可以說得上是：「有朋自遠方來，不亦樂乎。」

三　遊覽山水美景以怡情養性

　　七月二十四日傍晚十八時十五分我們抵達湖南省省會長沙，境內
廣植芙蓉，古詩有「秋風萬里芙蓉國」之句，因此有「芙蓉國」之
譽，省內最大河流湘江流貫南北而簡稱「湘」。因為此次旅程，前四
天我們先遊覽湖南省的名勝古蹟與山水美景，後二天才參加二○一七
第七屆世界華語學校圖書館論壇。因此下飛機後，我們一行搭乘旅行
社安排的遊覽車，前往位於湖南省西北部，沅水下游和澧水中游，屬
於洞庭湖流域，素有「荊楚要地，黔川咽喉，湘西門戶」之稱的「常
德市」，是一座擁有二千年歷史的文化名城，車窗外酷熱的暑氣迎面
而來，好像熱情的在歡迎我們展開山水之旅的序幕。

（一）鳳凰古城，樸實優美

　　七月二十五日早上，我們造訪了位於沱江之畔的鳳凰古城，該地
屬湘西土家族苗族自治州，二○○一年被授予國家歷史文化名城稱

號。城內，古代用紫紅沙石砌成的城樓，沿沱江邊而建的吊腳樓群細腳伶仃，明清古院古老樸實風采依舊，油綠的沱江靜靜地流淌，城內青石板街道、沱江河邊城牆、虹橋、沙灣萬名塔、八角樓等建築坐落有致，歷史悠久名勝古跡甚多。放眼望去除了古色古香的傳統建築，還有當地名人的故居：熊希齡故居、沈從文故居、黃永玉故居、楊家祠堂，聆聽導覽阿妹詳實的解說，再欣賞牆上彌足珍貴的圖像作品，令人油然而生思古的幽情，尤其是沈從文的《邊城》與愛情故事，至今仍是大家津津樂道的故事。

　　參觀完名勝古蹟，我們搭乘烏蓬船遊覽沱江，映入眼簾的是沿岸已有百年歷史的土家吊腳樓、東門城樓、虹橋藝術樓，鳳凰古城的景點盡收眼底，船夫渾厚嘹亮的歌聲，響徹江畔，我們團員也回應以臺灣民謠，歌聲此起彼落，耳畔有餘音繞樑的感覺。當天夜晚，晚膳完後，我們夜遊鳳凰古城，湘西土家族苗族的土產，林立街頭商家。燈火輝煌，遊人如織，熙來攘往，真是熱鬧。遙遙天際，新月如鈎，令人有「月上柳梢頭，人約黃昏後」的美感。

搭乘烏蓬船遊覽沱江

鳳凰古城團照

（二）張家界山水，詩情畫意

1　天門山國家森林公園

　　七月二十六日我們展開張家界著名景區的遊覽，張家界，相傳漢代留侯張良隱居於此而得名。位於湖南省西北部，澧水中上游，轄永定區、武陵源區、慈利縣、桑植縣。走訪張家界，不管走到哪裡，不經意間看到聽到的歷史典故、民間傳說、風土人情、飲食風俗，往往都與土家文化相關，帶有鮮明的地域色彩。根據導遊嬌妹敘述張家界當地人民期許張家界成為旅遊勝地，帶動當地經濟的一句順口溜：「張開翅膀，走出國家，飛向世界。」本世紀五○年代，當地政府在張家界建國營林場。七○年代末，張家界罕見的石英砂岩峰林奇觀被世人發現，得以開發。一九八二年九月二十五日，國家計委行文，將林場所屬範圍定名為「張家界森林公園」。張家界成為中國第一個國家森林公園。當地人民的期許，果真得以實現。

　　我們抱著雀躍的心情，搭乘覽纜車去遊覽天門山國家森林公園，天門山海拔一五一八點六米，是張家界永定區最高的山，纜車南北對開於千巖素壁之上，乘坐在纜車上遠眺車外景觀，巍峨高絕的山壁，氣勢磅礡，是罕見的高海拔穿山溶洞，堪稱鬼斧神工造化神奇的冠世奇觀。俯視蜿蜒的山路，猶如一條白色絲帶，環保車穿梭其中，天空上的纜車與公路上的環保車相映成趣，令人歎為觀止。從纜車下來，我們往天門山景區緊懸於峭壁之上的鬼谷棧道前進，因懸於鬼谷洞上側的峭壁沿線而得名。棧道全長一千六百公尺，平均海拔為一千四百公尺，起點是「倚虹關」，終點到「小天門」。與其他棧道不同的是，鬼谷棧道全線都立於萬丈懸崖的中間，給人與懸崖共起伏同屈伸的感覺，站在棧道上俯瞰群山，令人油然而生「會當淩絕頂，一覽眾山小」的感覺。接著我們行走在天空步道上，憑空伸出的玻璃眺望臺、

從玻璃臺可以看見下面的深淵，令人心驚膽顫。遠眺玻璃棧道外美麗
的風景，蓊鬱的樹林生長在懸崖峭壁間，令人有「心凝形釋，與萬化
冥合」的美感，頓時暑氣全消。

　　遊覽完天門山景區，我們乘坐穿山自動扶梯下山。湖南張家界天
門山穿山電梯，全球首條在山體隧道內安裝的電梯，二〇一五年四月
二十五日開通運行。全程在山體隧道中運行，從天門洞底直達山頂，
共十二段。扶梯梯級運行總長度為八九七米，提升高度三四〇米，總
跨度為六九二米。穿山電梯設計很人性化，不僅節約時間更節約體
力，帶著老人小孩出遊也很方便。離開自動扶梯後抵達天門洞的背
面，我們搭成環保車一路蜿蜒而下，全長十點七七公里的通天大道，
高低落差達一千一百公尺，比臺灣宜蘭九彎十八拐還要狹小，令人對
司機開車的功力讚佩不已。當天晚上我們去觀賞《天門狐仙──新劉
海砍樵》的山水實景音樂歌舞劇。舞臺選址在天門山風景區山門口內
至天門山頂的整條峽谷，土家山歌的美妙歌聲，猶如天籟之音，伴隨
著劇情的起伏，令人感受到了土家山民的質樸真切。

天門山國家森林公園團照

天門山東線頂涼亭

天門山山下　　　　　　　天門山古道

2　黃龍洞景區、賀龍公園、天下第一橋、袁家界風景區

　　七月二十七日我們旅遊的景點是位於武陵源風景名勝區內，屬喀斯特岩溶地貌，享有「中國最美旅遊溶洞」之譽的黃龍洞，是張家界的標誌景點。黃龍洞是一個鐘乳石正在不斷生長發育著名的溶洞，其中最令人驚豔的是「定海神針」，全高十九點二米，圍徑四十公分，為黃龍洞最高石筍，兩頭粗中間細，最細處直徑只有十厘米，如果按專家測定的黃龍洞石筍年平均生長速度僅為零點一毫米，那麼依此推算，「定海神針」生長發育至今已有二十萬年歷史了。進入景內猶如跨入一座「瓊樓玉宇，高處不勝寒」的神宮寶殿，巧奪天工的傑作，令人嘆為觀止，深感不虛此行。

　　參觀完不見天日的黃龍洞，走出洞外的下一個景點就是賀龍公園，座落在一千二百米的千層岩左側，是欣賞天子山奇觀最理想的地方。它位於「金三角」的最高處，東臨索溪峪，南接張家界，北依桑

植縣，是武陵源四大風景區之一。賀龍公園位於天子山風景區，一九八六年為了紀念賀龍元帥誕辰九十週年而興建的，一九九五年江澤民總書記為公園題寫園名。參觀完賀龍公園，休息片刻，我們又往天下第一橋（袁家界）前進，天下第一橋是世界上最高的天然石橋。翠谷之中，石峰成百上千，高入雲霄、矮臥平地，群峰若隱若現，變化多端，令人有「山在虛無縹緲間」的美感。兩座大山被一條長廊連在一起，形成天然橋洞，是美國科幻片──《阿凡達》電影中神秘的潘多拉世界拍攝地。

欣賞袁家界風景區，許多柱狀砂岩山峰聚集的峽谷，雲海簇擁武陵群峰，頗有君臨天下之感，其中以御筆峰最著名、五步一個景、十步一重天、這是西海石林最美的景緻。攀登上上下下的階梯，除了汗流浹背外，大家的雙腿都有些疲累，真的是路遙知腳力呀！

幸好下山是搭乘榮獲金氏世界紀錄、被評為世界上速度最快的雙層觀光電梯的百龍天梯，堪稱人間奇觀，更展現了湘西民族的智慧光芒。搭乘百龍天梯下山，讓大家透支的體力，稍微恢復，也結束了一天令人難忘的張家界著名景區之旅。

百龍天梯團照

賀龍公園

黃龍洞景區團照 　　　　　　　　　袁家界風景

3　十里畫廊、雲天渡玻璃橋、張家界大峽谷

　　七月二十八日我們旅遊的景點是張家界著名的「十里畫廊」，畫廊廊長五公里，我們乘坐小火車，觀賞峽谷兩岸林木蔥蘢，奇峰異石、千姿百態。在「三分形象，七分想像」中，像一幅巨大的山水畫卷，並排懸掛在層巒絕壁之上，讓人目不暇給。「十里畫廊」一共有十個景點：壽星迎賓、食指峰、猛虎嘯天、採藥老人、仙女拜觀音、向王觀書、三姐妹峰、夫妻抱子、海螺峰、孔雀開屏等。首先映入眼簾的第一個景點便是「壽星迎賓」，有一石峰恰如一老壽星迎面站立，五官輪廓分明，短頭髮長眉毛，眼睛深邃，笑容可掬的恭候來客的光臨！第四個景點便是最為傳神的「採藥老人」，傳說採藥老人是向王天子的醫生，專門用這山的中草藥醫治山民的病痛，向王兵敗跳崖而亡，老郎中悲痛欲絕，四十九日不食，化為此岩。十里畫廊沿途呈現出如詩如畫的美麗景色，漫步其中有如置身於國畫長廊之中，五步一大景，三步一小景，真有「此景只應天上有，落入人間為仙境」的神奇和壯美。

壽星迎賓　　　　　　　　　　　採藥老人

　　當天下午我們去參觀的景點是讓大家既期待又有些腳軟的張家界大峽谷玻璃橋，位於湖南省的張家界大峽谷景區內，號稱世界最長、最高的全透明玻璃橋，玻璃橋總長四百三十米、寬六米，橋面距谷底約三百米，可站八百人。橋面全部採用透明玻璃鋪設，橋中心有全球最高的蹦極臺，整個工程無鋼筋支架，是一種全玻璃結構的橋梁。玻璃橋建成後，將成為世界首座斜拉式高山峽谷玻璃橋；並創下世界最高最長玻璃橋、首次使用新型複合材料建造橋梁等多項世界之最，擁有世界最驚人高度及橫跨度的玻璃吊橋，被譽為世界建築奇觀。雖然是火傘高張的炎炎暑日，大家遊興不減，走上玻璃橋，大家擺出最美的姿態在橋上留影，俯瞰四周的美景比美國大峽谷，更令人震撼，並深感不虛此行。

　　接著我們去參觀位於張家界市慈利縣三官寺鄉的大峽谷景區，集山、水、洞於一身，是張家界地貌的博物館，在這裡可觀賞到北溫帶喀斯特地形的全部風景。但一路垂直陡下很驚心動魄，大家小心翼翼的，一步一腳印慢慢走下陡梯。也讓我們能目睹張家界奇峰異石的峽谷地貌，還能讓我們在有驚無險的遊覽途中，目不暇給的欣賞在峽谷

之中和絕壁之間的飛泉流瀑，令人有「一峰突起眾峰環」、「柳暗花明又一村」如詩如畫的美感。行進間一場及時而來的驟雨，讓大家措手不及，但讓炎熱的暑氣稍減。峽谷中百鳥爭鳴，湖水清澈，絕無僅有各異的瀑布群，把張家界大峽谷妝點得淋漓盡致。過了柵欄出口我們就搭船走出大峽谷，結束了一整天疲累，又令人難以忘懷的張家界大峽谷之旅，誠如張家界一則順口溜：「不來想死人，來了累死人。」的確，到張家界旅遊，整天坐車、走路、爬山真的很累人。

　　閱讀不僅是紙本圖書的閱讀，其涵蘊是廣泛的。我們此行以尋幽探勝的心情去探訪大自然的美景，飽覽了湖南張家界的山水勝景，讓我們更深切感受張潮在《幽夢影》一書中所說：「文章是案頭之山水，山水是地上之文章」的意涵。

雲天渡玻璃橋團照　　　　　**袁家界風景區團照**

四　第七屆世界華語學校圖書館論壇

　　二〇一七年七月二十九日是第七屆世界華語學校圖書館論壇正式開幕的日子，由《閱讀‧夢飛翔》文化關懷慈善基金在湖南長沙市舉辦，《閱讀‧夢飛翔》文化關懷慈善基金的創辦人兼主席梁偉明先

生，在香港從事基礎教育二十五年。二〇〇七年秋天到湖南省考察當地教育，發覺農村地區小學資源薄弱，因此，他決定放下香港的工作，走進大陸，開展閱讀夢飛翔文化關懷計劃，為農村的孩子的未來奉獻一分心力，此種精神令人敬佩不已。二〇一七年正好十年有成，非常感謝梁偉明主席與工作團隊盡心盡力認真負責，使此次大會能夠圓滿完成。這屆論壇有來自大陸（湖南、廣東廣州、安徽合肥）、臺灣、澳門、香港等華語學校圖書館和推動閱讀教育的大學和公益團體。步入會場，很高興與貴賓會面，與會貴賓包括國際學校圖書館學會（IASL）會長 Ms. Katy Manck、澳門學校圖書館學會王國強理事長、香港學校圖書館主任協會會長葉錦蓮女士、香港中文大學圖書館馬洪輝館長、香港學校圖書館主任協會梁月霞副會長、黃毅娟副會長、以及大陸各校圖書館老師，舊雨新知互相點頭問好，稱得上是冠蓋雲集。

（一）知識饗宴，書香洗禮

二〇一七年第七屆世界華語學校圖書館論壇會議的目的，為推動華語學校圖書館業務互動交流，參與國際學校圖書館事務以擴大全球視野。二〇一七年世界華語學校圖書館論壇的主題是：「二十一世紀學習——融合學科的當代圖書館教育」，論壇子題是：圖書館主任在二十一世紀學習的角色、如何利用閱讀教學活動促進孩子學會應對二十一世紀學習的能力、圖書館資訊科技的應用、有效發揮圖書館功能的學校政策及資源管理、圖書館與學科協作，培養學生自學能力等面向，強調各級學校圖書館的教育功能，在於如何利用閱讀教學活動，以促進孩子學會應對二十一世紀學習的能力。

大會安排專家學者主題演講，包括國際學校圖書館學會（IASL）會長 Ms. Katy Manck 演講主題是：〈二十一世紀學習——融合學科的當代圖書館教育〉、香港學校圖書館主任協會會長葉錦蓮女士演講主

題是：〈圖書館主任在二十一世紀學習的角色〉、香港鳳溪第一小學鄒立明主任、加拿大神召會嘉智中學陳嘉儀主任演講主題是：〈香港圖書館與學科協作，培養學生自學能力〉、臺灣師範大學頂尖大學辦公室林維俊研究員、臺灣桃園林森國民小學設備組郭宜珈組長演講主題是：〈圖書館資訊科技應用〉、臺灣師範大學圖資所教授兼教務長陳昭珍教授、臺灣師範大學圖資所梁鴻栩博士生演講主題是：〈深度討論和閱讀——臺灣湖南試驗調研〉、湖南婁底市雙峰縣教育局胡紀芬副局長演講主題是：（閱讀‧夢飛翔湖南婁底市雙峰縣推動閱讀教育經驗）等議題。

（IASL）會長 Ms. Katy Manck 闡述二十一世紀獲取成功關鍵的要素是：一、正確使用科技工具（不同情境需要不同工具，不能一招走天涯）；二、先進行事實核實（與時並進，掌握核實工具與網站）；三、給原創始人認許和尊重（通過社交媒體——以身作則教導和做典範）。為何圖書館主任們的專業資歷將幫助所有學習者在二十一世紀取得成功，因為學校圖書館是一塊肥沃的土壤，只待播撒知識的種子。當這些種子發芽成長，結出知識的果實，世界將會變得更加美好。並舉中國的名言期勉大家：「藝多不壓身，知識沒有重量，它是可以隨意攜帶的珍寶。」這的確是足以啟人深省的言論。臺灣師範大學圖資所教授兼教務長陳昭珍教授闡述（深度討論和閱讀）是培養學生的批判與論述能力的原動力。鼓勵學生專注於文本，並自文本中盡可能獲取資訊，透過個人經驗或情感的連結回應文本，鼓勵學生針對文本中潛在的假設提出問題。學生透過談論可以：一、組織想法並提出有證據支持的論點；二、分享資訊；三、參與知識建構。總而言之，學校圖書館最終的目的，是希望引導學生能養成終身學習的良好習慣。聆聽專家的演講，勝讀十年書，深感獲益良多，在餘情迴盪中，源頭活水來，智慧花朵開。

IASL 會長 Ms. katy Manck 專題演講　　臺灣圖書館館員學會會員與香港貴賓合影

（二）閱讀教學，經驗分享

　　七月三十日大會安排平行交流讓與會各地區的圖書館主任、老師能將閱讀教學經驗與大家分享。臺灣共有八位圖書館夥伴發表論文，包括：范綺萍主任報告主題是：〈中學閱讀策略指導實作分享——以臺灣高中國文課文為例〉、陳宗鈺主任、謝淑熙教授報告主題是：〈運用合作閱讀教學以促進學生學會應對二十一世紀學習的能力〉、曾品方老師報告主題是：〈學校圖書館推動科普閱讀之行動研究〉、林巧敏教授報告主題是：〈臺灣地區小學圖書教師發展協作教學現況調查〉、黃琇苓老師報告主題是：〈閱讀之 N 種想像——不純・跨界〉、宋怡慧主任報告主題是：〈去「GO」閱讀，越讀「趣」FUN〉、吳孟芬老師報告主題是：〈如何利用閱讀教學活動促進孩子學會應對二十一世紀學習的能力——以國際議題融入閱讀教學行動研究為例〉等七篇。每位圖書館夥伴，均在自己的工作崗位上，將各校經營圖書館的理念、推廣閱讀運動……等議題，寫成論文與大家分享，讓與會圖書館夥伴，可以聆聽到不同議題的內容，不但可以增長見聞，更能與同好切磋，讓大家獲益良多。

（三）參觀長沙市芙蓉區東郡小學

　　七月二十九日下午我們去參觀長沙市芙蓉區東郡國小，學校立足現代人才觀的需要，以「培養全面發展和具有創新精神的人才」為辦學宗旨，教學生「學會求知，學會做人，學會創新」。走進校園內的川堂，牆壁上掛滿學生的書法作品，東郡國小秉承以書立人的教育主張，從一九九五年開始，進行了國小書法教育的實驗，通過十年的努力，現在已經擁有了十八個書法實驗班，形成了人人學習傳統文化，個個能寫一手好字的教學特色。科研興校是東郡國小的辦學方針，包括：古詩文誦讀、英語教學、科學實驗、親子閱讀等系列工作均有條不紊、循序漸進地實施，呈現多元發展的生機。學生學以致用，有優異卓越的表現，令人激賞，讓我們留下美好且深刻的印象。更令人敬佩梁偉明主席在湖南推動小學閱讀活動的用心，十年有成，打造出芙蓉區又一名校。

臺灣學校圖書館學會會員與梁主席、
東郡小學校長合影

學生書法作品

（四）閉幕典禮，薪火相傳

　　七月三十日下午十七點零五分大會舉行閉幕典禮，主辦單位《閱讀・夢飛翔》文化關懷慈善基金的梁主席感謝與會貴賓與各區代表，將推動閱讀教學的成果，讓大家分享，並將帶得走的閱讀能力傳授給每一位莘莘學子。主辦單位也會將兩天的會議歷程：主題演講、平行講座、參訪學校等活動，放置在《閱讀・夢飛翔》的網頁上，讓大家點選參考。第七屆世界華語學校圖書館論壇，圓滿畫下句點。第八屆世界華語學校圖書館論壇將由臺灣承接，當象徵世界華語學校圖書館論壇精神的旗幟，從主席梁偉明先生的手中，交接給臺灣的代表TTLA 理事長徐澤佼主任時，讓大家有「兩肩負重任，心懷使命感」的信心，相信在大家和衷共濟的努力，二○一九年定可以完成此項任重道遠的使命。

五　豐盛的晚宴，賓主盡歡

　　七月三十的的閉幕晚宴，感謝主辦單位《閱讀・夢飛翔》文化關懷慈善基金的團隊，為此次論壇盡心盡力。招待與會貴賓、圖書館老師豐盛的晚宴，讓大家品嚐到湖南鹹辣的特色美食。在餐會上，彼此分享各校辦學的經驗與理念，更能增長見聞，大家相談甚歡，令我油然而生「海內存知己，天涯若比鄰」的感觸。

　　在晚宴上，出持人先給大家猜謎暖場，內容是與湖南當地特色相關的謎語，答對的貴賓可以得到精美的禮品。接著是主辦單位精心安排的餘興節目，首先是臺灣圖書館學會老師們在理事長徐澤佼主任的引領下，朗誦兩首席慕蓉的情詩「初相遇」、「與你同行」，范綺萍主任朗誦沈從文的一首情詩，陳昭珍教授引領大家合唱的民歌精選組

曲，為大會增添歡樂的氣氛，贏得與會圖書館嘉賓的喝采，使賓主盡
歡。香港的圖書館老師上場表演土家族阿妹與阿哥的戀愛劇；澳門的
圖書館老師上場演唱歌謠。湖南妹子演唱的土家族情歌，歌聲嘹亮動
人。師大圖資所研究生陳建中的一首臺灣民謠，帶動晚宴另一高潮。

　　梁主席代表大會贈送一幅象徵富貴花開的牡丹花國畫給遠從美
國到湖南參與論壇的國際學校圖書館學會（IASL）會長 Ms. Katy
Manck，在各地區代表互相贈送禮物，結束了閉幕晚宴。與會各地貴
賓也相約二〇一九年在臺灣臺北第八屆世界華語學校圖書館論壇再見。

《閱讀‧夢飛翔》文化關懷慈善梁主席贈送一幅牡丹花國畫與禮物給
IASL 會長 Ms. Katy Manck

臺灣圖書館學會理事長贈送梁主席禮物

六 結語

　　二天的第七屆湖南長沙華語學校圖書館論壇會議，及四天的張家界山水之旅，在七月三十一日下午十四時五十分我們抵達桃園中正機場，即奏下圓滿的休止符。臺灣學校圖書館館員學會夥伴們，由相遇、相知到相惜，八位成員在大會上發表論文，完成宣揚臺灣高中職圖書館各校經營理念、推動閱讀教育的任務；分享海峽兩岸四地中小學圖書館推動閱讀的實務經驗，使我們的心湖深處有「閱讀書香味彌久，知識活水滿行囊」的充實感。

　　最後要感謝臺灣師範大學教務長陳昭珍教授與師丈莊教授率領我們參加第七屆湖南長沙世界華語學校圖書館論壇，更要感謝秘書長范綺萍主任，辛苦籌畫此次世界華語學校圖書館論壇之行，盡心盡力，使我們能夠親炙湖南張家界的層巒疊嶂，並能飽覽張家界山光水色之美。也要感謝理事長徐澤佼主任策劃晚會的詩歌吟誦、副理事長陳宗

鈺主任協助籌畫湖南圖書館論壇諸多事宜、也要感謝文士豪主任、謝漢星主任、張蕎鱗主任、劉文明主任、顏淑惠主任、羅婉珉主任用相機捕捉美麗的畫面讓大家分享，以及所有參與此次活動的圖書館夥伴，您們的同行，讓七天之旅，增添歡樂與美好的回憶，尤其佩服張蕎鱗主任可愛的小女兒陪伴大家遊覽張家界之名勝古蹟，也是大家開心的焦點。還要感謝的是金富華旅行社導遊林政毅先生，為我們安排如此充實的觀光景點及可口的餐點，讓我們無福「消瘦」。最後，期勉大家能夠再續前緣，為二○一九年臺北第八屆世界華語學校圖書館論壇而全力以赴，大家加油喔！

湖南長沙機場團照

第八屆世界華語學校圖書館論壇紀要

一　前言

　　遙想八年前，學校圖館的先進，在相同理念的引領下，締結了跨國界的圖書館聯盟。世界華語學校圖書館論壇，點亮了閱讀的源頭活水，推動華語圖書館的互動交流，擴展了各校宏觀的全球視野。二〇一九第八屆世界華語學校圖書館論壇，訂於一〇八年七月十五日至十六日，於臺灣師範大學舉辦，此次各項活動由教育部國教署全國高級中等學校圖書館輔導團、臺灣學校圖書館館員學、臺灣師範大學圖書資訊所主辦；全國圖書教師輔導團及世界華語學校圖書館論壇聯盟地區所有成員協辦。

　　二〇一九年由臺灣主辦的第八屆世界華語學校圖書館論壇，由臺灣師範大學教務長陳昭珍教授、臺灣學校圖書館館員學會范綺萍理事長，引領全國高級中等學校圖書館輔導團屏東女中陳文進主任承接此項任重道遠的工作。工作團隊包括臺南女中圖書館劉文明主任、曾文農工圖書館徐澤佼主任、景美女中圖書館吳舜輝主任、TTLA 理事陳宗鈺主任、TTLA 理事涂進萬主任、TTLA 祕書長羅婉珉主任、建國中學圖書館文士豪主任、士林高商圖書館鍾允中主任、萬興國小圖書館曾品方老師、大同高中圖書館陳麗卿主任、羅東高中邱柏翰老師、中壢高商圖書館梁家玉主任、新竹高中圖書館黃大展主任、嘉義高中圖書館謝漢星主任、中興高中張甄珍主任、屏東高工圖書館陳文京主

任、新化高中圖書館戴雅如主任、玉井高工圖書館李秋嫻主任、
TTLA 常務監事謝淑熙主任、臺灣師範大學圖資所的鄭水柔、趙子
萱、溫宜琳三位研究助理等工作團隊盡心盡力認真負責，使此次大會
能夠順利圓滿完成。

開幕典禮與會嘉賓合影留念

二 有朋自遠方來

二〇一九年七月十五日世界華語學校圖書館論壇正式開幕，我們
於此熱烈歡迎遠從世界各地蒞臨臺灣師範大學參與盛會的嘉賓，這屆
論壇有來自美國、香港、澳門、馬來西亞、中國大陸、日本、臺灣等
地區二百二十位圖書館人員參與。參加世界性的圖書館盛會，與各國
佳賓齊聚一堂，可以說是「以圖書會友」。步入會場，首先介紹 IASL
會長 Ms. Katy Manck；香港學校圖書館主任協會黃毅娟會長；澳門圖
書館暨資訊管理協會代表謝惠紗理事、《閱讀‧夢飛翔》文化關懷慈
善基金梁偉明主席、陳一心家族慈善基金專案經理覃小燕、馬來西亞
華校董事聯合總會鍾偉前副執行長、屏東女中林勳棟校長、臺灣教育
機構長官及海峽兩岸各地學校的圖書館工作夥伴等嘉賓。各位嘉賓冠

蓋雲集，齊聚一堂參加「圖書館閱讀的饗宴」，可以稱得上是：「有朋
自遠方來，不亦樂乎。」在開幕典禮上，全國高級中等學校圖書館輔
導團的圖書館工作夥伴以「有朋自遠方來」詩歌朗誦表演展開序幕，
誠摯歡迎所有嘉賓的蒞臨。

世界華語學校圖書館論壇
點亮了閱讀的源頭活水
推動華語圖書館的互動交流
擴展了各校宏觀的全球視野

各國嘉賓代表參與點燈儀式

全國高級中等學校圖書館輔導團的圖書館工作夥伴朗誦
「有朋自遠方來」詩歌

三 知識的饗宴

（一）第八屆世界華語學校圖書館論壇

1 主題演講

開幕典禮結束，大會安排的第一場主題演講，就是遠從美國而來的嘉賓，國際學校圖書館學會（IASL）會長 Ms. Katy Manck，演講主題：Literacies for Life: Teacher-Librarians Lead the Way〈終身的素養能力：圖書教師來領路〉，配合論壇主題：《素養教育導向下的學校圖書館發展》，Ms. Katy Manck 娓娓暢述，圖書教師是強化學校及社區學習者素養能力的催化劑，所有的素養能力都圍繞在閱讀和寫作能力上。學習閱讀永不嫌晚！我們可以幫助我們的社區！有效的課程是能整合多種素養能力來強化學習的，例如：在圖書館裡舉辦詩詞、藝術和音樂展演活動。應用國際學校圖書館學會（IASL）的 GigglelT 專題，讓圖書館成為創意中心。學校圖書館是屬於大家的安全空間，每個人都可以在學校圖書館找到歸屬感，和您的專業學習網路（PLN）一起成長。這一番語重心長的叮嚀，的確足以啟人深省。

第二場主題演講的主講者是享譽國內的中央大學認知神經科學研究所的洪蘭教授，演講主題：〈閱讀與創作力〉，從事神經科學研究的洪教授，以大腦分析說明「心態轉變，人生就會轉變；改變心態，就能改變生命。」因為每個人都是過去經驗的總和，儘管過去的經驗會造成現在的自己。提醒我們培養下一代正確的價值觀及發展品格教育的重要性。洪蘭教授深入淺出的演說，能夠啟迪全場人心。

第三場主題演講的主講者是梁偉明主席與陳昭珍教務長、梁偉明主席，演講主題：〈12年——閱讀教育扎根在湖南農村學校的經歷〉、〈學校圖書館對學生閱讀投入與學習成就影響之研究——以湖南雙峰

地區為例〉，梁主席暢談十二年來在湖南十八個縣區，在農村興建學校，推動閱讀教育的辛苦歷程，十二年有成，學生的自我學習、閱讀能力、語文學業成績明顯提昇，學生的改變影響到家庭的文化，更改變老師與行政人員對推動閱讀教育的積極態度，梁主席無怨無悔為推動閱讀教育犧牲奉獻的精神，令人敬佩與動容。

第四場主題演講的主講者是浙江雲谷學校圖書館葉錦蓮主任，她曾擔任香港弘立書院的圖書館主任多年，以豐富的香港圖書館工作經驗，主講〈學校圖書館的發展、挑戰與機遇——香港經驗〉，邁進二十一世紀，香港的學校圖書館會成為一個不斷提供豐富資源的中心，以協助學生切實掌握尋索、組織、評估及運用資訊的技巧，培養他們解決問題及自學的能力，並積極為以資訊為本的社會作出貢獻。這的確是每位圖書館主任推動閱讀教育應肩負的使命。

聆聽專家學者的演講，勝讀十年書，深感獲益良多，在餘情迴盪中，源頭活水來，智慧花朵開。這些生動的內容，明確的理念，開啟了各級學校的閱讀視窗，更提升了學生的人文素養。

（IASL）會長 Ms. Katy Manck
主題演講

臺灣學校圖書館館員學會范綺萍
理事長開幕致詞

洪蘭教授主題演講

陳昭珍教務長主題演講

梁偉明主席主題演講

葉錦蓮主任主題演講

2 平行論壇

　　二〇一九年第八屆世界華語學校圖書館論壇會議的目的，爲推動華語學校圖書館業務互動交流，參與國際學校圖書館事務以擴大全球視野。二〇一九年世界華語學校圖書館論壇的主題是：「素養教育導向下的學校圖書館發展」，論壇子題是：一、學校圖書館與學科協作，二、學校圖書館與資訊素養，三、圖書館資訊科技的應用，四、學校圖書館的創新與變革，五、學校圖書館與自主學習，六、學校圖書館與終身學習，七、學校圖書館與學生基礎能力（閱讀與寫作）等面向，強調各級學校圖書館的教育功能，在於如何利用閱讀教學活動，以促進孩子學會應對二十一世紀學習的能力。本屆論壇各地投稿的論文頗爲踴躍，共錄取三十二篇參加平行論壇，發表論文。

　　臺灣共有十六位圖書館夥伴發表論文，包括：范綺萍主任報告主題是：〈圖書館引導學生「自主學習手冊」資源分享平臺使用與滿意度調查研究〉、梁鴻栩、陳昭珍教授：〈臺灣與長沙小學生於深度閱讀討論中之提問與回應層次差異之研究〉、曾品方老師：〈從社會文化觀點探討美國學校圖書館的學習者標準〉、賴苑玲教授、童師薇老師：〈素養導向科學教學在國中實踐的可行性〉、宋怡慧主任：〈以適性閱讀及小組討論建立高中生英文自主學習模式之行動研究──以新北市丹鳳高中爲例〉、鍾允中主任、鄒馥璟老師：〈偏愛士商──募書送愛至偏鄉活動設計與執行實例〉、陳芳雅、陳志銘老師：〈他山之石──解讀一所獲閱讀磐石學校之國小圖書館的組織作爲〉、蔡世惠老師：〈學校圖書館與跨領域學科協作之策略與實務〉、陳秋雯老師：〈晨讀擂臺王──圖書教師、班級導師、與學科教師協作的閱讀課程〉、呂瑞蓮老師：〈台灣地區國中小圖書館空間改造之探討〉、傅宓慧老師：〈小學圖書館與公共圖書館合作之探究──以桃園市龍星國民小學爲

例〉、邱怡雯老師:〈實施圖書資訊利用教育對國小學生閱讀寫作能力成效之研究〉、王嘉萍組長、甘邵文校長:〈由「知識殿堂」發展到「心靈療癒所」——談中學圖書館在發展性書目療法服務上的施行與推廣〉、黃琇苓老師:〈「行聊。苗青」:長篇小說閱讀實驗課程〉、陳琬婷老師:〈學校圖書館與學科協作——以竹崎高中賈宓圖書館為例〉、謝淑熙老師:〈閱讀理解策略融入經典教學的運用——以孟子教學為例〉等十六篇。除了臺灣中小學老師提出的論文,另外有香港的黃毅娟會長:〈利用真實評量檢視專題研習及資訊素養的教學過程及成效:未來發明——小學四年級的海報設計及演講〉、澳門謝惠紗理事:〈2019年澳門學校圖書館新發展概況〉、馬來西亞陸素芬老師:〈推動教師讀書會歷程省思——以尊孔獨立中學為例〉、合肥李玲老師:〈學校圖書館,自主學習的支點〉等十六篇論文,因篇幅有限,無法一一詳述。每位圖書館夥伴,均在自己的工作崗位上,將各校經營圖書館的理念、推廣閱讀運動……等議題,寫成論文與大家分享,讓與會圖書館夥伴,可以聆聽到不同議題的內容,不但可以增長見聞,更可以與同好切磋,讓大家獲益良多。

四 書香的洗禮

　　七月十五日下午的議程是安排參訪臺北市的龍安國小、新北市的永和國中、臺北市的建國高中、臺北市的松山家商,四所具有特色的學校圖書館。依照與會老師填寫的意願,由領隊老師帶領老師們參訪各校的圖書館。筆者引領與會老師去參觀臺北市龍安國小圖書館,龍安國小是位於臺北市大安區的一所歷史悠久辦學優良的小學,該校圖書館每學期都舉辦主題書展,是圖書館每學期最盛大的書展,特別將圖書室精心布置分類成不同的展館,例如,二〇一六年的主題:百年

經典——世界文學主題書展。展出中西方流傳百年的文學鉅作，如《西遊記》、《三國演義》、《格列佛遊記》、《湯姆歷險記》等經典小說，引領學生閱讀大師經典著作，了解中西方文豪身處的時空背景與其作品背後的含意。

二〇一九年七月十五日我們參訪龍安國小圖書館的主題是：「電影與文學主題書展」，該校圖書館張館長與志工媽媽，精心布置了電影與文學相關氛圍的圖書館，讓師生踏入圖書館猶如進入電影院。本次書展與電影結合，以「電影開麥拉」為主題，帶領學生探索電影文學奧祕及認識電影的拍攝手法。首站是「電影歷史同齊看」，跟著地上的紅地毯走，上頭的膠片殼帶著你穿越時空，細數電影的過往，飽覽電影的演變，裝滿知識行囊後，電影，開麥拉！第二區是「鬥陣做伙去看戲」，一幕一幕黑與白編織而成的電影，讓學生穿梭時光隧道，拉回到過去，感受以前的戲院人生。來到第三區「文學影戲活跳跳」，金庸、哈利波特……等經典文學中的人物、場景、精彩的對話一一變得立體，讓人大飽眼福，原來，電影也能呈現出文學的美感。李安執導的美國3D電影《少年 Pi 的奇幻漂流》（英語：Life of Pi，簡稱《少年 Pi》），圖書館內設計了一隻紙紮的老虎與李安字樣的場景，讓學生有身歷其境的感受。參觀完主題書展，聽完張館長介紹龍安國小圖書館老師推動閱讀活動的簡報，讓我們留下美好且深刻的印象，與會老師們也深感獲益良多，不虛此行。

臺北市龍安國小圖書館

臺北市建國高中圖書館

臺北市松山家商圖書館

新北市永和國中圖書館

五　閉幕典禮　薪火相傳

　　七月十六日下午十七點大會舉行閉幕典禮，主辦單位臺灣師範大學教務長陳昭珍教授、臺灣學校圖書館館員學會范綺萍理事長、教育部國教署全國高級中等學校圖書館輔導團屏東女中陳文進主任，感謝與會貴賓與各區代表的共襄盛舉，將推動閱讀教學的成果，讓大家分享，並將帶得走的閱讀能力傳授給每一位莘莘學子。主辦單位也播放兩天的會議歷程：主題演講、平行講座、參訪學校等活動的影片，讓

大家留下美好的回憶，並請大家上網點選參考。第八屆世界華語學校圖書館論壇，圓滿畫下句點。臺灣學校圖書館館員學會范綺萍理事長，將世界華語學校圖書館論壇接辦的旗幟，交給承接第九屆世界華語學校圖書館論壇的香港學校圖書館主任協會黃毅娟會長，期待二〇二一年大家在香港相見歡。

六　豐盛晚宴　賓主盡歡

　　七月十六日晚上十八點主辦單位招待與會貴賓、圖書館老師豐盛的晚宴，讓大家品嚐臺灣的美食，令人齒頰留香。為增進與會圖書館老師們的情誼，讓各地與會的圖書館老師們，分坐在各桌，彼此交換心得，分享各校辦學的經驗與理念，更能增長見聞，大家相談甚歡，令人油然而生「海內存知己，天涯若比鄰」的感觸。在晚宴上，各地與會的圖書館老師們紛紛上臺表演歌謠、樂器演奏或載歌載舞，為大會增添歡樂的氣氛。臺灣圖書館學會秘書長羅婉珉主任以〈感恩的心〉手語帶唱，表達主辦單位對遠到而來的所有嘉賓誠摯的感謝；徐澤佼主任以蕭全的〈海草舞〉帶動唱，帶領大家全身舞動起來，給晚宴掀起另一高潮，贏得與會圖書館佳賓的喝采，賓主盡歡。在各地區代表互相贈送禮物，結束了閉幕晚宴。與會各地貴賓，也相約二〇二一年在香港第九屆世界華語學校圖書館論壇再見。

閉幕晚宴的盛況

與會嘉賓隨著〈海草舞〉帶
動唱舞動起來

嘉賓贈送禮物

澳門嘉賓歌唱表演

香港嘉賓歌唱表演

馬來西亞嘉賓歌唱表演　　　　合肥嘉賓載歌載舞表演

七　結語

　　第八屆世界華語學校圖書館論壇，在七月十六日的閉幕晚宴奏下休止符。本屆世界華語學校圖書館論壇的主題是：「素養教育導向下的學校圖書館發展」，二天的論壇活動，四場主題演講，三十二場的平行講座與特約講座，均能配合論壇的七個子題，充分發揮，內容精彩生動，分享海峽兩岸四地中小學圖書館推動閱讀的實務經驗，使我們的心湖深處有「圖書味彌久，知識滿行囊」的充實感。最後要感謝臺灣師範大學教務長陳昭珍教授、臺灣學校圖書館館員學會理事長范綺萍主任、全國高級中等學校圖書館輔導團陳文進主任、徐澤佼主任與所有圖書館夥伴的同心協力，發揮團隊合作精神，使第八屆世界華語學校圖書館論壇各項活動能夠圓滿完成。

　　第八屆世界華語學校圖書館論壇能夠如期完成，更要感謝遠至海外到訪的嘉賓，包括美國 IASL 主席 Ms. Katy Manck、香港學校圖書館主任協會黃毅娟會長；澳門圖書館暨資訊管理協會代表謝惠紗理事、《閱讀‧夢飛翔》文化關懷慈善基金梁偉明主席、陳一心家族慈善基金代表覃小燕專案經理、馬來西亞華校董事聯合總會鍾偉前副執

行長、浙江雲谷學校圖書館葉錦蓮主任、日本相愛大學的岡田大輔講師、臺灣教育機構長官、各學校校長及海峽兩岸各地各校的圖書館工作夥伴等嘉賓。您們的共襄盛舉，讓本屆論壇各項活動，增添歡樂與美好的回憶。但願將來各校圖書館夥伴能夠繼續薪火相傳，讓世界華語學校圖書館論壇能夠永續發展，創造更光明的願景。期勉大家二〇二一年香港第九屆世界華語學校圖書館論壇再續前緣，大家加油喔！

◎第八屆世界華語學校圖書館論壇大會網址

http://wcsl.ptgsh.ptc.edu.tw/2019?cid=69

敬請大家自行瀏覽

参

教學鱗爪

閱讀教學心得詩

英國生物學家達爾文（Charles Robert Darwin, 1809-1882）曾說：「最有價值的知識是關於方法的知識。」掌握住良好的教學方法，也就是掌握住開啟新時代智慧的鑰匙。筆者有緣有幸在臺灣海洋大學執教，講授大一國文的課程，引領學子開啟古籍的堂奧，在教學與師生互動之餘，徜徉在海大依山傍海的美景中，筆者不揣譾陋詩興大發，寫下隨興而發的短詩及拍攝教室外風景照，自娛且娛人。

一　多元學習

臺灣海洋大學共同教育中心每學期敬邀專家學者蒞校演講，並安排全校大一學生聆聽演講，以培育學生宏觀的視野與增廣見聞。

學生聆聽白靈老師演講：微小即巨大──從科學看文學

科技人文創新知，微觀視野啟發現。
宏觀寰宇展發明，斜槓知識傲群倫。

學生聆聽師大國文系主任賴貴三教授演講：生生之為易，知幾其神乎！

易經堂奧蘊先機，乾坤八卦解玄理。
天人合一啟三才，學問思辨長智慧。

二　課本以外的天空

課本以外的天空是無限寬廣，有萬頃碧波、如茵綠草，使學生的視野更遼闊。

> 晴空萬里，碧波萬頃。漁船緩行，水波不興。
> 海風徐來，鳶飛魚躍。海納百川，有容乃大。

三　教學心得

南宋的哲學家朱熹提出閱讀方法的精髓是：「熟讀精思，循序漸進；虛心涵詠，切己體察；著緊用力，精神振奮；居敬持志，標記精讀。」透過經典文本的講解賞析，深入理解其中的內容要點，可以引領學生開啟古今文學的堂奧，在古聖賢哲的經典話語中，開拓學生的新視野，陶冶其閱讀品味，培養學生終身學習的能力；透過文學自覺與生命意識的深入閱讀與分析，輔導學生能建立正確的人生觀；透過討論、寫作與觀摩，以增進學生多元思辨及語文表達能力。

（一）

> 風和日麗迎開學，碧波萬頃滌煩憂。
> 書聲琅琅縈教室，經典疑義相與析。
> 春秋左傳堪玩味，熟讀深思子自知。
> 青春韶華莫蹉跎，積學儲寶以富才。

（二）

> 詩詞教學意蘊深，賞析蔣捷虞美人。
> 生涯聽雨三境界，少年輕狂歌樓上。

中年奔波客舟中，晚年歇腳僧廬下。
而今識盡愁滋味，卻道天涼好箇秋。

（三）

佳木蔥籠迎風展，靜謐校園有佳趣。
莘莘學子展書讀，教師堂上勤授課。
仲尼回頭映筆底，哲人已遠典型存。
忠恕之道蘊意深，熟讀深思宜勉行。

（四）

蔚藍蒼穹捲舒雲，映階碧草意盎然。
展讀水經注江水，巫峽風貌躍紙上。
長江大壩巍然立，科技文明創新猷。
歷史古跡沉江底，今人遊覽空嗟嘆。

（五）

校園花木綻秋意，童子端坐展書讀。
儒家仁愛有親疏，墨家兼愛交相利
學生研閱有疑義，教師授課相與析。
經典文章千古事，博學深思義理明。

（六）

靜謐校園鎖寒冬，蕭瑟枝頭迎風展。
光陰駒隙屆期末，學子振筆寫試卷。
水經宋詞齊筆底，經典古籍共徘徊。
博學審問慎思辨，認真研讀有佳績。

四　學生分組報告

　　《紅樓夢》書中有一幅對聯:「世事洞明皆學問,人情練達即文章。」強調知識要與時俱進,生活即教育。知識唯有透過密切的交流與分享,才能充分得到發展,並且發揮傳播知識的功效。分組報告可以發揮合作學習與知識共享的功效,可以增加與同儕的互動、培養合作默契、提高學生的學習興趣與參與感,而且可讓每個人展現自己獨特的專長。

(一)

海大校園櫻花綻,分組報告話語喧。
臺灣風光人稱好,馬國美食堪玩味。
天涯海角若比鄰,以文會友長見聞。
國際交流視野廣,歷史文化現風華。

(二)

多元學習啟智慧,創意課程重思辨。
分組報告創新猷,合作學習享知識。
助人為樂天地寬,孝順父母福報廣。
人生困境可超越,積善成德自陶然。

(三)

寒風冷雨籠校園,歡聲笑語喧教室。
分組報告享新知,以文會友廣見聞。
詮釋人生意深遠,服務助人樂無窮。
合作學習展創意,知識活水湧心田。

（四）

寒風冷雨籠校園，台灣印象喧話語。
歷史扉頁堪玩味，懷舊感傷共交融。
細數先民創業艱，後代子孫當守成。
傳承文化現風華，國際交流創新猷。

語言教學叢書 1100022

閱讀教學啟動心靈視窗

作　　者　謝淑熙
責任編輯　官欣安
特約校稿　宋亦勤
封面設計　陳薈茗

發 行 人　林慶彰
總 經 理　梁錦興
總 編 輯　張晏瑞
編 輯 所　萬卷樓圖書股份有限公司
　　　　　臺北市羅斯福路二段 41 號 6 樓之 3
　　　　　電話 (02)23216565
　　　　　傳真 (02)23218698

發　　行　萬卷樓圖書股份有限公司
　　　　　臺北市羅斯福路二段 41 號 6 樓之 3
　　　　　電話 (02)23216565
　　　　　傳真 (02)23218698
　　　　　電郵 SERVICE@WANJUAN.COM.TW
香港經銷　香港聯合書刊物流有限公司
　　　　　電話 (852)21502100
　　　　　傳真 (852)23560735

ISBN　978-986-478-690-9
2022 年 8 月初版
定價：新臺幣 380 元

如何購買本書：

1. 劃撥購書，請透過以下郵政劃撥帳號：
　帳號：15624015
　戶名：萬卷樓圖書股份有限公司
2. 轉帳購書，請透過以下帳戶
　合作金庫銀行 古亭分行
　戶名：萬卷樓圖書股份有限公司
　帳號：0877717092596
3. 網路購書，請透過萬卷樓網站
　網址 WWW.WANJUAN.COM.TW

大量購書，請直接聯繫我們，將有專人為您服務。客服：(02)23216565 分機 610

如有缺頁、破損或裝訂錯誤，請寄回更換

國家圖書館出版品預行編目資料

閱讀教學啟動心靈視窗/謝淑熙著.-- 初版.--- 臺北市 ： 萬卷樓圖書股份有限公司，2022.08
　面 ；　公分.-- (語言教學叢書 ;1100022)
ISBN 978-986-478-690-9(平裝)
1.CST: 漢語教學　2.CST: 閱讀指導　3.CST: 高等教育

525.33　　　　　　　　　　111007926